청소년들의 진로와 직업 탐색을 위한
잡프러포즈 시리즈 43

자본주의
최전방에 선
펀드매니저

청소년들의 진로와 직업 탐색을 위한 잡프러포즈 시리즈 43

자본주의
최전방에 선
펀드매니저

목대균 지음

주식을 소유하는 것은
아이를 갖는 것과 같다.
감당할 수 있는 것보다
더 많이 관여하지 말라.

- 피터 린치, Peter Lynch -

주식시장은
적극적인 자에게서
참을성이 많은 자에게로 돈이
넘어가도록 설계되어 있다.

- 워런 버핏, Warren Buffett -

C·O·N·T·E·N·T·S

C·O·N·T·E·N·T·S

펀드매니저
목대균의
프러포즈

PROPOSE

여러분은 펀드매니저를 상상하면 가장 먼저 어떤 모습이 떠오르나요?

유유히 흐르는 강과 도시 전경이 훤히 내려다보이는 고층 빌딩에서 양복을 입은 채 수많은 모니터 속 쉴 새 없이 변화하는 주가를 보고 있는 모습인가요? 혹은 종목에 대한 의견을 날카롭게 주고받으며 매수와 매도를 결정하는 냉철한 모습인가요? 아마 이런 모습이 대부분의 사람들이 떠올리는 펀드매니저의 이미지일 거라 생각해요.

어느 정도는 맞는 모습이지만, 펀드매니저가 주위에서 쉽게 볼 수 있는 직업이 아니다 보니 대중들의 오해도 있고 신비스럽게 보는 면도 있는 것 같아요.

현실 속 대다수의 펀드매니저는 상상하는 것만큼 화려한 삶을 살지도 않고, 더욱이 영화에서 보듯이 미공개 정보 등을 이용한 은밀한 거래를 통해 거액의 부정적인 이익을 취하지도 않아요. 소중한 고객의 자산을 다루는 직업인만큼 다른 직업과는 비교가 되지 않을 만큼 높은 수준의 전문성과 직업윤리의식이 요구되는 직업이기도 하죠. 또한 시시각각 나의 성적표가 투명하게 공개되며 본인의 투자 결정에 따른 결과에 대해 대부분의 책임을 진다는 점에서 상상 이상의 스트레스를 받는 매우 고독한 직업이기도 해요.

그렇다고 힘들기만 한건 아니에요. 펀드매니저라는 직업은 자신의 성공이 타인에게도 유익하다는 점에서 매우 매력적이에요. 내 본업인 투자를 잘하면 고객의 재산이 늘어날 뿐 아니라 사회적으로 인정도 받으니 그만큼 뿌듯한 일이 없죠. 세상의 변화를 항상 민감하고 예리하게 통찰해야 하기 때문에 끊임없는 공부가 수반되어야 하는 것도 펀드매니저라는 직업이 가진 특징 중 하나예요.

최근 코로나-19 이후 급격한 주가 상승을 경험하며 자녀의 미래를 위해 주식을 사주는 부모들이 많아졌다고 해요. 이에 따라 금융권, 특히 주식형 펀드를 운용하는 펀드매니저에 대한 관심도 굉장히 늘었다고 하죠. 이런 와중에 청소년 여러분에게 펀드매니저를 대표하여 이 직업을 소개할 수 있어 매우 기뻐요. 이 책이 여러분에게 펀드매니저에 대해 더 정확하고 친숙하게 알아가는 기회가 되길 진심으로 기원해요.

투자 결정을 위한 냉철함과 고객의 자산을 소중히 여기는 따뜻한 마음이 공존하는 매력적인 직업, 펀드매니저를 청소년 여러분께 프러포즈해요.

첫인사

편 – 토크쇼 편집자

목 – 펀드매니저 목대균

편 먼저 자기소개를 부탁드려요.

목 안녕하세요? 펀드매니저 목대균이라고 해요. 얼마 전까지 미래에셋자산운용에서 펀드매니저로 일했던 저는 2001년에 서울대학교 경영학과를 졸업한 후 2002년에 대우증권에 입사했어요. 3년간 대우증권 투자분석부에서 기업 및 투자 분석 업무를 했죠. 2005년에는 미래에셋자산운용으로 이직을 하면서 홍콩을 시작으로 싱가포르와 인도에서 근무하며 글로벌 펀드 운용과 관련된 일을 했어요. 2008년 글로벌 금융위기를 겪고 다시 한국에 들어오게 되었고, 그간의 경험을 살려 해외 주식 분석과 투자 업무를 하게 되었어요. 이를 바탕으로 큰 규모의 펀드를 여럿 운용하였고요. 그러다 2020년 11월 30일부로 글로벌운용본부장 및 상무직에서 물러났고, 케이글로벌자산운용이라는 회사를 설립했죠.

편 이 일을 한지는 얼마나 되었나요?

목 미래에셋자산운용의 펀드매니저 경력만 놓고 본다면, 공식적인 기록은 15년이 조금 넘어요. 미래에셋자산운용에서 15년 근속 감사패도 받았죠. 펀드매니저가 되기 전에 보통 운용 업무를 담당하는 바이 사이드Buy-Side나 분석 업무를 하는 셀 사이드Sell-Side 과정을 거쳐요. 저 역시 대우증권에서 셀 사이드 과정을 3년 정도 거쳐

왔으니 금융업계 경력을 모두 합하면 18년 정도가 되겠네요.

편 이 일을 하게 된 계기가 있나요?

목 대학에 다닐 때만 해도 이 일을 하게 될 거라곤 생각하지 못했어요. 보통 경영학을 전공하면 회계나 마케팅 분야로 진출하거든요. 저 역시 대학에선 회계사 공부를 하고 있었고요. 전공 수업 중에 투자론이란 과목을 수강했는데, 이론만 배우다 보니 좀 공허한 느낌이 들더라고요. 수학을 굉장히 좋아하기도 해서 배운 걸 실제로 활용해 보고자 투자 동아리(서울대투자연구회인 SMIC)에 들어가게 되었는데요, 동아리 활동을 하며 투자라는 세계에 마음이 끌리기 시작했죠. 졸업 후 구직 활동을 하던 중 대학교 투자 동아리 선배가 직장을 소개해 주었는데, 그곳이 바로 대우증권이었어요. 그렇게 금융업계에 발을 내딛게 되었죠.

입사 후 애널리스트로서 기업 분석과 투자 분석 업무를 하다보니 해외 투자에도 관심을 갖게 되었어요. 한국의 금융자산 성장을 고려할 때 해외 투자는 미래의 자산운용업에 필수적일 것이라는 전망에 개인적으로 해외 근무에 대한 로망이 더해져 2005년에 미래에셋자산운용으로의 이직을 결심하게 되었죠. 마침 미래에셋자산운용에서 싱가포르와 홍콩 법인을 설립해 해외에서 근무할 인력을 채용했거든요. 초반에는 국내 기업 분석 업무를 하다가 2006년에 홍콩 파견이 결정되면서 해외 근무가 시작되었고, 글로벌 펀드매니저로 일하게 되었죠. 돌이켜보면 대학 때 우연히 시작한 투자 동아리 활동이 지금의 저를 만들었다고 생각해요. 당시 동아리 활동을 하면서 만난 지인들이 창업을 한 지금도 회사 운영에 큰 도움을 주고 있죠.

🔲 우연히 이 일을 시작하게 되었다고 했는데요. 그렇게 시작한 펀드매니저라는 직업에 만족하나요?

🔲 우선 금융권이 다른 산업 군에 비해 연봉이 높은 편이라 보수 면에서 볼 때 꽤 만족스러워요. 거기에 더해 이 일을 통해 돈과 세상의 흐름을 누구보다 가까이에서 지켜볼 수 있다는 점도 지적 만족감을 느끼게 하는 요소이고요. 펀드매니저로 일하게 되면 한 나라의 경제부터 정치, 사회, 문화는 물론 와인이나 미술 작품, 악기 등에도 관심을 가져야 하거든요. 그런 것들이 어떤 가치를 가지는지 고민해 봤던 일이 굉장히 흥미로운 경험이었어요. 게다가 요즘은 주식이 워낙 대세라 세상의 관심 한가운데 있다는 사실도 즐거운 일이죠.

편 이 직업을 프러포즈하는 이유는 뭔가요?

목 우리의 삶은 늘 변화하며 미래는 예측이 어렵고 불확실해요. 2020년에는 코로나-19로 인해 그러한 특징을 여실히 증명하기도 했죠. 이러한 불확실성에 어떻게 대처할 수 있을까요? 다양한 문제를 다루고 처리할 수 있는 능력이야말로 삶을 살아가면서 필요한 가장 강력한 무기라고 생각해요. 펀드매니저는 전문지식으로 무장한 채 기업에 대한 정보, 경제의 흐름, 정치의 방향 등을 분석하며 이를 바탕으로 주식이나 채권, 금융 상품 등에 투자를 하는데요. 그러다 보면 자연스레 우리 사회의 다양한 분야로 시야가 확대되죠. 미래를 살아갈 여러분이 가장 중요하게 여겨야 할 가치를 일을 통해 배울 수 있는 것이에요. 자신만의 전문성을 가지면서 다양한 분야를 아우를 수 있는 멋진 직업이죠.

게다가 지금 우리 사회는 저금리 저성장 기조가 지속되고 있어요. 이러한 환경에서는 주식 투자의 매력도가 높아질 수밖에 없겠죠. 금리가 7~8퍼센트일 때는 돈을 은행 예적금에 넣어도 괜찮았어요. 하지만 금리가 점점 낮아져서 최근엔 **마이너스 금리**˙라는 말까지 나오고 있잖아요. 이런 상황에서 자산을 증식하려면 결국 어딘가에 투자를 해야 해요. 전문가가 필요한 거죠. 저금리, 저성장 기조가 장기화되고 고착화될 가능성이 큰 만큼 투자에 대한 해답을 제시할 수 있는 펀드매니저는 더욱 각광받는 전문가가 될 거라고 생각해요. 우리 삶의 다양한 요소를 분석하고 이를 통해 불확실한 미래에 적절한 해답을 내놓을 수 있는 펀드매니저를 여러분께 프러포즈해요.

마이너스 금리 저금리 상황에서 물가상승률이 더 높은 경우 실질금리가 마이너스로 나타나는 것

기준금리 한국은행의 최고 결정기구인 금융통화위원회에서 매달 회의를 통해 결정하는 금리

가산금리 기준금리에 신용도 등의 조건에 따라 덧붙이는 금리

역금리 통화 불안 시 환율 변동, 고금리 등에 따른 외화 유입을 방지하기 위해 비거주자 예금에 금리를 부과하는 것

제로금리 단기금리를 사실상 0퍼센트에 가깝게 만드는 정책

펀드가
뭐예요?

펀드란 무엇인가요?

편 펀드매니저란 직업에 대해 이야기하기 전에 먼저 펀드란 무엇인지 청소년들이 알기 쉽게 설명해 주면 좋겠어요. 펀드란 무엇인가요?

목 펀드란 어떤 특정한 목적을 위해 돈을 모아 주식이나 채권 등 다양한 대상에 투자하고, 여기에서 발생한 수익을 다시 투자자에게 나눠주는 것을 말해요.

보통 일반 사람들이 개별 주식에 투자하려고 할 때 어느 회사에 얼마나 투자해야 할지 결정을 내리는 것이 쉽지는 않겠죠. 그래서 많은 사람들이 펀드를 선택해요. 금융기관의 펀드에 투자하게 되면, 펀드매니저가 고객 대신 여러 곳에 투자를 하는데요. 그들은 주식과 투자에 대한 트레이닝을 받고 계속해서 연구를 하는 전문가들이기 때문에 일반 사람들보다 더 안전하고 효율적으로 돈을 관리해 주리라 기대하기 때문이죠.

펀드에도 여러 가지 종류가 있던데요?

편 펀드에도 여러 가지 종류가 있던데요?

목 맞아요. 모인 돈을 어디에 투자하느냐에 따라 주식형펀드, 채권형펀드, 혼합형펀드, 부동산펀드 등으로 나눌 수 있겠죠. 이 중 주식형펀드의 경우 주식 편입 비율에 따라 성장형과 안정성장형, 안정형 등으로 구분할 수 있겠고요. 이 외에도 특별자산펀드와 인덱스펀드, 요즘 가장 주목을 받는 ETF_Exchange Traded Fund 등이 있어요.

특별자산펀드는 펀드 재산의 50퍼센트를 초과하여 특별자산에 투자하는 펀드를 말하는데요. 특별자산이란 증권이나 부동산을 제외한 자산으로 매우 포괄적이고 다양하여 신상품 개발이 용이한 반면 자산의 공정평가가 어렵다는 특징이 있죠. 인덱스펀드는 증권시장의 장기적 성장 추세를 전제로 **주가지표**°의 움직임에 연동되게 **포트폴리오**°를 구성하여 운용하는 펀드예요. 인덱스펀드를 거래소에 상장시켜 투자자들이 주식처럼 편리하게 거래할 수 있도록 만든 상품이 ETF고요. 펀드의 종류는 굉장히 많기 때문에 각자의 목적에 맞는 펀드를 잘 골라 투자하는 것이 중요해요.

주식과 채권에 대해 더 알려주세요.

편 주식과 채권에 대해 더 알려주세요.

목 주식이란 주식회사의 자본을 이루는 단위로서의 금액 및 주주의 권리를 말해요. 주식의 가격은 날마다 변하는데요. 투자한 회사의 주가가 올라 높은 수익을 얻을 수도 있지만, 경제 상황이 악화되거나 회사에 문제가 생길 경우 큰 손실이 발생할 수도 있죠. 또한 회사가 돈을 벌게 되면 투자자는 투자한 비율만큼 **배당금**˚ 명목으로 수익을 배당받지만, 반대로 회사가 수익을 내지 못할 경우 오히려 손해를 볼 수도 있어요.

그렇다 보니 안전한 투자를 하고 싶은 사람들은 채권에 투자하기도 해요. 채권은 정부나 공공기관, 특수법인, 주식회사 형태를 갖춘 사적 기업 등이 투자자들로부터 비교적 장기의 자금을 조달하기 위해 발행하는 일종의 차용증서예요. 투자자에게 특정 기간 이후에 원금을 상환하면서 이자를 함께 지급하겠다고 하는 약속인 것이죠. 채권 역시 주식처럼 자유롭게 매매할 수 있어요.

주식과 펀드, 각각의 장단점도 궁금해요.

편 주식과 펀드, 각각의 장단점도 궁금해요.

목 주식의 가장 큰 장점은 내가 원하는 기업의 지분을 소유할 수 있다는 점이에요. 성장이 예상되는 기업에 투자하면 회사와 함께 이익을 공유할 수 있죠. 그래서 흔히 주식시장을 '자본주의의 꽃'이라 불러요. 주식시장에 직접 참여하며 산업과 기업의 변화, 경제 흐름을 파악할 수 있다는 점도 장점 중 하나죠. 반면 높은 변동성이라는 단점이 있어요. 내가 산 주식이 크게 오를 수도 있지만 크게 떨어질 가능성도 배제할 수 없거든요. 하루하루 변하는 주가에 따라 심리 상태가 요동쳐 본업에 집중하지 못한다면 그것도 단점이 되겠고요.

펀드의 장점은 전문성과 다양성이라고 할 수 있어요. 먼저 경험 많은 투자전문가의 도움을 받을 수 있다는 점이 무엇보다 큰 장점이죠. 그들은 투자하는 상품에 대한 지식과 자금 운용 방법, 투자정보 등 고객이 알 수 없는 많은 것들을 바탕으로 자산군이나 투자종목을 선택해 효율적으로 투자하고 있거든요. 그다음으로 다양한 상품에 투자할 수 있다는 장점이 있어요. 펀드를 구성하는 자산군은 주식 외에도 채권이나 부동산, 금, 원유, 대체자산 등으로 매우 다양하니까요. 펀드를 통해 적은 돈으로도 목돈이 필요한 자산에 쉽게 투자할 수 있죠.

반면 수수료와 간접성이라는 단점이 있어요. 펀드의 경우 수수료가 발생하는데, 보통 0.5~2퍼센트 정도로 판매회사와 펀드매니저가 있는 운용사로 배분되며 그 비용은 점점 낮아지는 추세죠. 또한 펀드는 투자에 관여할 수 없다는 단점이 있어요. 펀드매니저의 자율성을 확보하고 투자 효율성을 증대시키기 위한 조치로 투자자는 펀드매니저에게 모든 권한을 일임하고 그가 만든 포트폴리오에 따라서만 투자하게 되어있죠. 따라서 자신이 원하는 시기에 투자 대상을 마음대로 매수하거나 매도할 수 없고, 원하는 투자 대상에만 투자할 수 없는 경우도 발생해요.

주가지표 주식시장 전체의 평균적인 주가 수준

포트폴리오 위험을 줄이고 투자 수익을 극대화하기 위한 일환으로 여러 종목에 분산 투자하는 방법

배당금 기업이 이익을 발생시켜 회사 내에 누적하여 온 이익잉여금 일부를 기업의 소유주에게 배분하는 것

다우지수 미국의 다우존스사가 가장 신용 있고 안정된 주식 30개를 표본으로 시장가격을 평균 산출하는 세계적인 주가지수

S&P500지수 국제신용평가기관인 미국의 S&P가 작성한 주가지수로 다우지수의 30개보다 훨씬 많은 500개 종목을 기준으로 산출

포트폴리오 이론 수익은 극대화하면서 위험은 최소화하는 포트폴리오를 선택하는 과정을 설명하는 이론

배당수익률 주가 대비 1주당 배당금의 비율

시가배당률 배당금이 주가의 몇 퍼센트 인가를 나타내는 것

펀드매니저의 세계

📭 하루 일과가 궁금해요.

📮 미래에셋자산운용에서 펀드매니저로 일할 때의 일과를 알려 드릴게요. 저는 글로벌 펀드매니저였기 때문에 국내 펀드매니저와 일과에 차이가 있어요. 국내 펀드매니저의 경우 보통 오전 7~8시에 출근해서 기업 분석 내용 혹은 중요 뉴스를 주제로 자체 회의를 진행해요. 9시에 국내 시장이 열리기 때문에 회의가 끝나면 개장 전까지 어떤 종목을 사고팔 건지에 대한 고민을 하거나 포트폴리오 매니저, 코매니저들과 함께 어떻게 변동성에 대처할지 논의를 하기도 하죠. 9시부터 장이 끝나는 3시 30분까지는 시장의 상황을 보면서 대응을 하게 되는데, 이것이 펀드매니저의 가장 기본적이면서 주요한 업무라고 할 수 있어요.

보통 3시 30분 이후에는 기업 탐방을 다녀요. 기업의 **IR**Investor Relations* 담당 임원들이 직접 오기도 하는데, 그런 경우 만나서 회사 근황에 대한 얘기를 듣죠. 생산이나 수주, 수출, 개발 등의 소식을 업데이트하며, 투자한 종목의 주가 및 펀더멘털Fundamental 변화 가능성을 점검하고요. 코로나-19 이후에는 오프라인 미팅을 하기 어려워서 주로 줌 등을 이용해 온라인 미팅으로 대체하고 있어요. 기업에 대한 펀더멘털 체크를 많이 하기 때문에 주로 이런 미팅이 많고, 가끔 회사 내부에 애널리스트가 와서 세미나를 하는 경우도 있어요. 업무가 모두 끝나고 저녁이 되면 각자 좋아하는 취미생활을 하거나 운동을 하기도 하고 집에 가서 휴식을 취하기도 하죠. 물론 퇴근 이후에도 미국 시장을 보며 상황을 주시하는 펀드매니저들이 많고요. 이게 보통 국내 펀드매니저의 일반적인 일과라고 보면 될 거예요.

글로벌 펀드매니저의 경우 출근 시간이 좀 늦어요. 전날 미국 시장을 어느 정도 봤다는 전제하에 8~9시 사이에 출근을 하게 돼요. 아무래도 미국 시장을 모니터링하다 보니 피로도가 다르겠죠. 일본 시장 역시 한국 시장과 마찬가지로 오전 9시에 개장을 하는데요. 일본에 투자했다면 9시부터 일본 장을 보고, 조금 후에 중국 시장이 열리면 중국 장도 보면서 대응을 하게 되죠. 점심을 먹고 난 후 오후 1시 30분이 되면 회의에 들어가요. 전날 시장에 대한 전반적인 내용을 요약하고 투자 아이디어를 리뷰하고 의사결정이 되면 주문할 준비를 마치죠. 중국 시장을 좀 더 지켜보다 오후가 되면 인도를 시작으로 아시아 여러 국가의 시장이 열리고 이어 유럽 시장이 열리는데, 그때 미국에 주문을 내요. 유럽은 저녁에 미국은 밤에

시장이 열리기 때문에 포트폴리오 운영과 관련된 주문지가 아시아라면 바로 주문이 나가지만 유럽이나 미국이라면 개장 후 주문이 나가죠.

　퇴근을 한 후에도 보통 밤 12시까지 지켜보다가, 잠들었다 중간에 한두 번 깨서 잠깐 또 확인을 해요. 이미 주문을 냈기 때문에 뭔가를 쉽게 바꿀 수는 없지만 상황이 어떤지 계속 보게 되더라고요. 물론 문제가 생기면 변경할 수 있는 권한이 있어서 주문을 바꿀 수는 있지만 그에 따른 책임도 펀드매니저가 져야 하기 때문에 신중해야 해요. 집중력과 판단력이 무엇보다 중요하죠. 글로벌 펀드매니저는 이런 식으로 일하기 때문에 24시간 내내 업무와 묶여있다고도 할 수 있어요. 그 외에는 국내 펀드매니저와 유사한 일을 해요. 기업 단체 미팅도 하고, 애널리스트와 미팅을 하기도 하죠.

　저 같은 경우 골드만삭스나 모건스탠리 등 외국계 증권사에 있는 담당자들과 전화 통화를 많이 했어요. 해외 출장을 통해 콘퍼런스에서 관련 업계 사람들을 직접 만나는 일도 많았고요. 일본이나 홍콩, 미국, 유럽에서는 정기적으로 외국계 증권사의 플래그십 콘퍼런스가 열렸고, 그런 행사에 참석해 수많은 외국인 투자자를 만나 의견을 교환했죠. J.P. 모건의 헬스케어 콘퍼런스, 모건스탠리의 싱가포르 서밋, UBS의 차이나 콘퍼런스, 골드만삭스의 아시아

테크넷 콘퍼런스 등 여러 유명 행사에 참석했던 기억이 나네요. 국내 펀드매니저의 경우 주로 국내 시장에 투자하기 때문에 상대적으로 여유로운 편이에요. 반면, 글로벌 펀드매니저는 24시간 동안 업무와 관련된 일을 하거나 고민하는 일이 많죠. 그렇기 때문에 주말엔 꼭 휴식을 취하면서 풀가동됐던 두뇌를 잠시 쉬게 해 주는 것이 필요해요.

Kuaishou-IPO

 국내 펀드매니저와 글로벌 펀드매니저의 비율은 어느 정도 되나요?

 국내 펀드매니저의 비율이 높죠. 제가 일했던 미래에셋자산운용의 경우 해외 분야를 주력으로 했기 때문에 다른 사산운용사에 비해 글로벌 펀드매니저의 비율이 높은 편이었고요. 그렇지만 아직까지도 소수의 사람들만이 글로벌 펀드매니저 일을 하고 있어요.

일하는 곳은 어디인가요?

편 일하는 곳은 어디인가요?

목 대부분의 펀드매니저들은 종합자산운용사에서 일하고 있어요. 일반적으로 종합자산운용사에서 일하는 공모형 펀드 운용역을 펀드매니저라고 지칭하니까요. 사실 은행이나 보험사, 증권사, 투자자문사 등에도 펀드를 운용하는 사람이 있는데요. 그런 분들의 경우 운용역이라고 부르지 펀드매니저라는 호칭을 잘 쓰진 않아요.

고객은 누구인가요?

편 고객은 누구인가요?

목 저는 공모형 펀드도 운용해 봤고, 사모형 펀드도 운용해 봤는데요. 공모형 펀드와 사모형 펀드의 고객이 달라요. 공모형은 주로 불특정 개인투자자가 대상이죠. 우리가 은행이나 증권사에 가서 펀드에 가입하러 왔다고 하면 상품을 추천해 주잖아요. 펀드와 관련된 여러 가지 자료를 나눠주면서요. 누가 운용하는지는 잘 모르지만 추천해 준 펀드가 괜찮아 보이면 가입을 하죠. 공모형 펀드는 이런 방식으로 판매되기 때문에 모든 일반 사람이 고객이 될 수 있어요.

반면 사모형은 주로 기관투자자가 대상이에요. 예를 들어 공무원연금이나 국민연금, 공제회, 은행, 생명보험사, 손해보험사, 기업 등이 고객인 거죠. 또한 일정 수 이하의 개인들노 사모펀드의 고객이 될 수 있어요. 종합하면 고객은 일반 개인투자자부터 여러 기관까지 매우 다양하다고 할 수 있어요.

공모형 펀드와 사모형 펀드

공모형 펀드는 100인 초과의 불특정 다수 투자자를 대상으로 자금을 모으고, 그 자금을 운용하는 펀드를 말해요. 주로 개인투자자들을 대상으로 자금을 모집하죠. 사모형 펀드는 100인 이하의 소수 투자자를 대상으로 모은 자금을 운용하는 펀드로 주로 기관투자자들을 대상으로 자금을 모집해요. 공모형의 경우 불특정 다수를 상대로 판매하기 때문에 투자자 모집이나 펀드 운용에 대한 규제가 비교적 엄격한 반면 사모형의 경우 상대적으로 다양한 전략을 활용한 자유로운 운용이 가능해요.

	공모형 펀드	사모형 펀드
투자자	100인 초과*	100인 이하*
투자 모집 규모	대규모 (공개)	소규모 (비공개)
모집 절차	위탁판매사를 통해 공개 모집	자산운용사나 위탁판매사가 비공개 모집
가입 채널	은행, 증권사 영업점, 홈페이지	증권사 PB Private Banker●, 은행
공시 의무	홈페이지를 통해 정기·수시 공시	없음
상품 홍보	가능	불가

종목 수	제한	비제한
수익 위험	중수익 중위험	고수익 고위험
투자 금액	제한 없음	3억 원 이상
회계감사	매기 결산마다 회계감사 실시	일정 규모 이상** 운용사 대상 매기 결산마다 회계감사 실시

*2021.10 개편 (이전 50인)

**자산 500억 원 초과, 자산 300~500억 원+6개월 내 펀드 추가 발행 시

가장 기억에 남는 고객은 누구인가요?

편 가장 기억에 남는 고객은 누구인가요?

목 일단 저를 크게 성장시켜주었던 펀드의 고객인 포항공대가 기억나네요. 사모형 펀드를 맨 처음 설정해서 저에게 운용하게 했던 곳이 바로 포항공대였죠. 펀드매니저로 일하기 시작한 초창기 때라 이 경험을 통해 글로벌 투자에 대해 많이 알게 되어 지금도 고마워하고 있어요. 다음으로 기억에 남는 고객은 한국교직원공제회예요. 이곳은 제게 9년이라는 장기간에 걸쳐 돈을 맡겼어요. 우리나라에서 9년은 글로벌 투자로 기관이 맡겼던 최장수 기록이에요. 성과도 매우 좋았어요. 연간 수익 8퍼센트를 넘겨 나중엔 원금을 모두 돌려주고 이익금만으로 입금이 됐죠. 어떤 해는 이익금을 두 번 찾아간 적도 있었고요.

개인투자자로는 인사이트펀드에 가입했던 고객 한 분이 가장 기억에 남아요. 2008년엔 인사이트펀드의 성과가 좋지 않아 안타깝게도 반 토막이 나는 일이 많았어요. 그 고객도 억 단위의 퇴직금을 펀드에 넣었는데, 반 토막이 나는 바람에 어쩌면 좋을지 몰라 회사로 전화를 하셨죠. 제가 담당자는 아니었지만 어찌어찌하다 그분의 전화를 받게 되었는데, 얼마나 울분에 찾는지 울려고 하시더라고요. 제가 할 수 있는 일은 없었지만 그분이 너무 힘들어하셔서 시장 상황에 대해 설명해 드리고, 실력 있는 분들이 열심히 노력하고 있으니 시간을 갖고 기다리면 원금을 회복할 수 있다고 말씀드렸어요. 이런 경우 지금 팔게 되면 나중에 두고두고 후회하는 일이 많으니 그분들을 믿고 한번 기다려보시라고요. 그랬더니 제 이름과 회사 연락처를 물어보더니 진짜 힘들 때 전화해도 되는지 물으셔서 이름과 번호를 알려드렸죠.

6개월마다 한 번씩 전화를 하셔서 시장 상황에 대해 설명해 드렸는데요. 그분이 원했던 건 원망이나 비난이 아니라 자신의 얘기를 누군가 들어주는 것이었다고 생각해요. 그 누군가가 우연히 제가 된 것인데, 제가 이후에 인사이트펀드 매니저가 되는 바람에 그분과의 인연이 더욱 깊어지게 되었죠. 2011년에 인사이트펀드 매니저의 전권을 이어받았고, 최선을 다해 노력한 결과 2014년 11월 중순에 드디어 원금을 회복하게 되었어요. 물론 꽤 오랜 시간이 걸리긴 했지만 끝까지 저를 믿고 중도 해지를 하지 않으셨고, 이후에도 계속 유지해 수익이 제법 나는 상황에 이르렀죠. 오히려 이런 상황에 투자를 늘리면 나중에 이익이 더 크다는 얘길 해 드렸더니 다른 상품에도 가입하셔서 그 수익도 꽤 많았고요. 제가 퇴사를 하면

서 이젠 다 해지하셨는데요. 지금도 예전처럼 제가 생각날 때면 칡 즙이나 배즙 같은 걸 보내주세요. 그분이 가장 많이 생각나네요.

편 기관투자자들은 어떤 기준으로 사모형 펀드를 운용할 펀드매니저를 선택하나요?

목 펀드매니저가 어떤 사람인지, 그동안 운용했던 펀드의 내용이나 실적, 인지도 등이 어떤지를 보죠. 국내에는 많이 없지만 외국에는 펀드매니저 평가기관이 따로 있어요. 외국계 회사들의 경우 평가기관을 통해 그들의 성향을 분석하죠. 분기에 한 번씩 미팅을 해서 심층 면접을 하고, 이 사람이 어떤 종목에 투자하고 어떤 생각을 하는지 등을 파악해요. 해당 정보를 장기간에 걸쳐 기록해 자료를 만들어 두고요. 저도 한때는 관찰 대상이었는데요. 2016년에 철인 3종경기를 완주하고 온 데다 뭘 좋아하냐고 해서 극진가라데 얘기를 했더니 위험 성향 최고 등급을 받기도 했죠. 개인적인 입장에서는 흥미로운 사람이지만 직업적으로 보면 저와 같은 펀드매니저는 아주 위험한 걸 즐기는 사람이라고 분류되더라고요.

그동안 운용한 펀드 중
대표적인 상품이 있다면 소개해 주세요.

편 그동안 운용한 펀드 중 대표적인 상품이 있다면 소개해 주세요.

목 2013년에 미래에셋자산운용에서 가장 유명한 펀드가 글로벌
그레이트컨슈머였는데요. 제가 그 펀드의 포트폴리오 매니저였어
요. 전 세계 **이머징 마켓**®의 구매력 성장과 소비 활동 증가로 파급되
는 직간접적인 혜택을 받을 수 있는 주식에 투자하는 펀드로 당시
규모가 1조 원가량 됐었죠. 제가 알기론 TV에서 처음으로 광고를
했던 펀드였고요. 수익률이 좋아 다음 해에 1등 펀드가 돼서 펀드
대상을 받기도 했어요. 2015년에는 글로벌그로스라는 펀드를 만
들었어요. 향후 글로벌 성장을 주도할 것으로 예상되는 신흥국의
중산층 부상, 혁신적 과학기술의 발달, 인구 구조의 고령화와 같은
테마 주식에 투자하는 펀드였죠. 그게 또 그해 글로벌펀드 중 상반
기 1등을 하기도 했어요.

시간이 날 때는 어떤 일을 하나요?

📖 시간이 날 때는 어떤 일을 하나요?

📖 시간이 생기면 일에서 벗어나 생각을 비우기 위해 주로 운동을 했어요. 앞서 글로벌 펀드매니저의 일과를 말씀드렸잖아요. 아시아 시장이 끝나면 유럽 시장이 열리고, 이어서 또 미국 시장이 열리기 때문에 주중에는 거의 쉴 수가 없어요. 체력도 바닥나고 머리도 지끈지끈 아프죠. 이렇게 일하다가는 정말 몸이 상하겠다 싶어서 시간이 생기는 틈틈이, 그리고 주말이면 특별한 일이 없는 한 운동을 했어요. 크로스핏도 했었고, 회사 근처 YWCA 스포츠센터에 가서 수영을 하기도 했죠. 차가운 물에 몸을 담그면 뜨거워진 머리가 좀 식는 것 같아 좋더라고요. 나중엔 격투기도 하고 철인3종경기에도 도전했죠. 2016년엔 제주국제철인3종대회에 출전했고, 풀코스를 완주해 철인이 되었어요. 완주한 사람에겐 철인이란 호칭이 부여되거든요.^^ 요즘엔 가끔 넷플릭스에 올라온 드라마나 영화를 보기도 하는데, 별생각 없이 보다 보면 머리가 좀 가벼워지는 것 같아요.

요즘 주요한 관심사는 무엇인가요?

창업을 한 이후로는 회사 운영과 관련된 것들이 주요 관심사가 되었죠. 어떻게 하면 이 사업을 원하는 만큼 성공시킬 수 있을지 고민하고 있는데, 그러다 보니 만나야 할 사람도, 소개해 줘야 할 사람도 많은 데다 디테일한 부분까지 신경 쓸 일이 참 많더라고요. 인테리어나 경리 업무, 비용 처리, 컴퓨터 관련 업무 등 모르는 게 너무 많고요. 그래도 주위의 많은 분들이 도와주겠다고 해 주셔서 정말 감사하고 있어요. 이런저런 도움을 받다 보니 그간 살아왔던 인생을 되돌아보게 되었고, 나름 괜찮은 인생을 살지 않았나 하는 마음이 들기도 했죠. 대한민국에서 비즈니스로 성공하려면 단순히 이익만 남기는 것이 아니라 회사의 존재 가치와 의미를 가져야 한다고 생각하는데요. 그러기 위해선 큰 흐름은 물론 사소해 보이는 것들도 하나하나 챙겨야 하죠. 단지 돈만 벌겠다는 목표를 가진 것과는 다른 길을 가기로 결정한 만큼 그에 부합하는 사업체를 꾸려 나가기 위해 요즘은 온통 회사 생각뿐이에요.

매력은 무엇인가요?

편 매력은 무엇인가요?

목 펀드매니저 일을 하면서 쌓는 모든 지식과 경험이 자신의 무형 자산이 된다는 사실이 가장 큰 매력이라고 생각해요. 이번에 회사를 그만두면서 제가 가지고 나온 것은 지금까지 쌓은 지식, 경험 그리고 의사결정 능력이라는 무형 자산이에요. 회사는 시스템을 설계하지만 펀드를 운용하는 핵심, 시스템의 정점에는 사람이 있어요. 사람이 성과의 차이를 만드는 구조죠. 물론 회사가 브랜드를 키우고 저를 성장시킨 건 맞지만 그러한 구조를 가진 덕분에 제가 가진 많은 것들이 회사가 아닌 저 개인에게 속하게 되는 거예요. 저의 생각이나 투자 전략, 미래를 보는 관점은 온전히 제 자산으로서만 존재한다는 사실이 제겐 가장 매력적인 부분이에요.

편 펀드매니저라는 직업이 일상생활에서 유용하게 쓰이는 때가 있을까요?

목 실생활에 쓰이는 장점은 별로 없어요. 주변 사람들에게 주식 투자와 관련된 조언을 해 주는 게 다죠. 사실 많은 분들이 재테크나 주식, 펀드에 대한 질문을 하는데요. 변호사나 변리사, 의사 같은 사람과 상담을 하게 되면 돈을 지불하는 게 당연하다고 여기면서, 펀드매니저와의 상담은 무료로 생각을 하더라고요. 물론 대가를 받지 않았으니 책임도 네가 져야 한다고 말은 하는데, 돈을 잃으면 꼭 연락이 와요.^^ 게다가 고집이 강한 사람들은 자기가 제일 잘 안다는 생각에 조언을 해 줘도 본인 마음대로 투자를 하죠. 제 생각에 20대 친구들은 너무 자주 사고파는 바람에, 40대 남자분들은 본인의 생각이 강해서 돈을 많이 못 벌더라고요. 40~50대 여자분들 중에는 주식을 잘 몰라서 사두고 그냥 놔두는 사람들이 많은데, 오히려 그런 경우 수익률이 좋죠.

단점도 있나요?

편 단점도 있나요?

목 가장 큰 단점은 다른 사람들과의 차별화가 어렵다는 점이에요. 앞서 얘기한 장점이 무형 자산이기 때문에 남들과의 차이를 증명하기가 쉽지 않죠. 그러다 보니 기록과 성과, 평판이 매우 중요해졌어요. 하지만 그런 것들은 하루아침에 생기는 것이 아니잖아요. 최소 10년은 지나야 어떤 펀드매니저라는 그림이 그려지죠. 그래서 초반엔 출신 대학이나 이름이 알려진 회사에서의 경력 등이 그 사람을 증명하는 조건이 되기도 해요.

하나 더 얘기하자면, 상황이 좋지 않을 때는 어떤 노력을 해도 좋은 결과로 이어지기가 어렵다는 거예요. 사실 투자를 해 놓고 아무런 행동을 취하지 않아도 장이 좋으면 수익이 계속 올라가죠. 그렇지만 반대로 전 세계적인 악재가 발생해서 주식시장이 급락하면 무슨 수를 써도 계속 손해가 나요. 최악의 상황에선 자력으로 할 수 있는 일이 거의 없기 때문에 대세 상승장과 대세 하락장에 대한 판단력이 매우 중요한 직업이죠.

기억에 남는 사건이나
에피소드도 많을 것 같아요.

편　기억에 남는 사건이나 에피소드도 많을 것 같아요.

목　2008년 한 해는 뭘 해도 안 되는 시기였어요. 미국 발 금융위기로 증시가 폭락해 하루에 한두 개씩 투자회사가 파산을 하고, 지인들이 갑자기 연락해 방금 전에 해고를 당했다고 하던 때였죠. 신용과 신뢰, 유동성에 위기가 찾아오면서 최악의 나날이 펼쳐졌고, 주식과 펀드에 돈을 투자한 사람들은 끔찍한 경험을 하게 되었어요. 자산이 1억 원이었는데 2주 사이에 2천만 원이 되거나 다니던 회사가 파산해 갑자기 직장이 사라지는 상황을 생각해 보세요. 다들 얼마나 화가 나고 불안했겠어요. 저는 당시에 싱가포르에서 일하고 있었는데, 저 역시 전광판의 말도 안 되는 숫자들을 보며 매일매일 참담한 심정을 느꼈죠. 1929년의 세계대공황에 버금가는 경제 혼란의 시기, 2008년 한 해가 지금까지도 가장 안 좋은 기억으로 남아있어요.

　　2011년 8월에 미국의 신용등급이 조정되면서 증시가 폭락한 적이 있었는데요. 이때는 과감한 포지션 변화로 상당한 수익을 내기도 했어요. 당시 미국의 국가부채 문제가 심각했는데, 정부나 의회가 이 문제를 개선할 해법을 내놓지 못해 신용평가회사 중 하나인 S&P가 국가신용등급을 최고 등급인 AAA에서 AA+로 한 단계 강등했죠. 이로 인해 미국의 주가가 폭락했고 유럽과 한국 금융시장에도 영향을 주었어요. 그런 상황이었지만 그 전부터 불안한 상황을 예측하고 7월부터 쇼트 포지션을 잡은 덕분에 코스피가 하루에 10퍼센트씩 빠지는 상태에서 반대로 10퍼센트, 20퍼센트씩 수익을 낼 수 있었죠. 쇼트 포지션Short Position이란 매도한 수량이 매수한 수량을 초과한 상태로 상품 가격이 하락해야 이익을 얻을 수 있어요. 반대로 매수한 수량이 매도한 수량을 초과한 상태로 가격의 상승을 기대하고 상품을 매입하는 것을 롱 포지션Long Position이라고 하고요.

2020년 얘길 안 할 순 없겠죠? 코로나-19가 글로벌 증시의 공통 리스크 요인으로 작용하면서 전 세계 주요국의 증시가 하락하는 양상을 보였어요. 3월경부터 급락을 하더니 2008년 금융위기와 유사한 속도로 시장이 나빠지기 시작했죠. 주가가 20~30퍼센트씩 하락하자 패닉에 빠진 사람들은 가진 걸 매도하느라 바빴어요. 주식이 헐값에 거래됐죠. 저 역시 상당한 포지션 조정에 들어갔어요. 포트폴리오 매니저의 전권으로 제가 가지고 있던 유럽과 일본 쪽 물

월 스트리트의 황소상, 황소는 주가가 상승하는 강세장을 의미해요. 그래서 강세장을 불 마켓Bull Market이라고 하죠. 반면 주가가 하락하는 장을 약세장이라고 하는데, 이것은 베어 마켓Bear Market이라고 표현해요.

량을 거의 다 팔았죠. 주가는 순식간에 급락했고, 갑자기 주식이 싸게 거래되기 시작했어요. 그래서 보유한 현금으로 주식을 다시 사들이기 시작했어요. 테슬라 같은 주식을 그때 싼 가격에 매수할 수 있었죠. 포트폴리오가 하루 만에 방어적에서 공격적으로 완전히 터닝한 거예요. 좋은 주식들을 공격적으로 매수한 덕분에 이후 펀드의 성과가 급속도로 좋아졌어요. 나중에는 글로벌 상위 1퍼센트 펀드가 되었죠. 잠도 거의 자지 않고 매번 고심해 의사결정을 내렸던 그 치열했던 2020년 3월 한 달도 기억에 많이 남네요.

일을 하다 보면 문제가 생기는
경우도 있겠죠. 그럴 땐 어떻게 하세요?

<편> 일을 하다 보면 문제가 생기는 경우도 있겠죠. 그럴 땐 어떻게 하세요?

<목> 문제가 생기면 펀드매니저가 모든 책임을 져야 하죠. 펀드매니저가 책임을 진다는 얘기는 인센티브를 받지 않거나 승진에서 누락되거나 해당 업무에서 배제되는 걸 말해요. 운용하던 펀드를 빼앗길 수 있다는 것인데요. 펀드매니저에게는 가장 치욕적인 일이죠. 저도 그런 경험이 있었어요. 평일에는 술을 마시지 않지만 그날은 멘탈이 붕괴돼서 술 없인 보낼 수가 없더라고요. 하지만 이런 일은 매우 드문 경우고 평소에는 이런저런 문제가 생기면 해결에 주력하느라 마음이 무너질 경황이 없어요.

그런 의미에서 제가 좋아하는 영화 중 하나인 〈마션〉 얘길 해볼까 해요. 주인공인 마크는 탐사대와 함께 화성을 탐사하던 중 모래폭풍을 만나 홀로 남겨지게 되죠. 화성에서 살아남을 방법을 찾고 자신이 생존했음을 지구에 알리기 위해 매일매일을 고군분투하게 되는데요. 하루도 평온한 날이 없어요. 날마다 새로운 문제가 발

생하고 그 문제를 해결하기 위해 홀로 싸우죠. 마크의 화성 생존기에 펀드매니저의 인생이 겹쳐지더라고요. 저희의 삶에도 늘 문제가 발생하거든요. 어느 날은 주가가 오르고 또 어느 날은 주가가 떨어지는데 포트폴리오에 따라 주가가 올라도 문제, 떨어져도 문제, 변동이 없어도 문제가 될 수 있죠. 글로벌 펀드매니저의 경우 더 역동적이고 다양한 일들을 끊임없이 마주하게 되고요. 이런 문제를 풀고 또 풀어야 하는 게 저희의 일이에요. 그러니 문제가 생겼다고 짜증이나 화를 내거나 슬퍼할 필요는 없어요. 일희일비하지 않고 평상심을 유지하며 문제를 해결하는 것이 중요하죠. 마크는 저런 상황에서도 살아남았는데 내가 못할 건 없다는 생각으로 개선된 내일을 생각하며 매일매일을 보내고 있어요.

일을 잘 수행하기 위해
따로 노력하고 있는 것이 있나요?

편 일을 잘 수행하기 위해 따로 노력하고 있는 것이 있나요?

목 자기계발을 많이 하는 편이에요. 글로벌 펀드매니저로 일하려면 외국어 실력이 어느 정도 있어야 하는데요. 저는 외국 유학을 하지 않아 영어를 잘하지 못했기 때문에 인도에서 근무했을 당시 하루에 두 시간씩 영어 공부에 투자했죠. 매일매일 시간과 정성을 쏟았더니 영어 실력이 조금씩 늘더라고요. 이제 해외에 투자하려면 미국과 더불어 중국에 대해서도 알아야 하잖아요. 중국에 대해 더 깊이 알고 싶은데 이때도 문제는 언어를 잘 못한다는 거였어요. 서바이벌 중국어를 넘어 제대로 배우기 위해 북경대학교에 지원했죠. 처음에는 북경대에서 불가능하다고 만류했지만 결국 제게 설득당해 입학을 허락해 줬고, 2017년부터 2019년 6월까지 주말이면 비행기를 타고 북경에 가서 수업을 듣게 되었어요. 그렇게 북경대학교 국가발전연구원 석사 학위를 취득했고 중국어도 확실히 익히게 되었죠. 덕분에 언어뿐만 아니라 중국이란 나라에 대해서도 더 알게 되었고요.

스트레스는 어떻게 해소하나요?

편 스트레스는 어떻게 해소하나요?

목 운동 외에는 특별히 하는 게 없어요. 앞서 얘기한 것처럼 크로스핏이나 수영, 격투기, 철인3종경기, 극진가라데 등을 하면서 스트레스를 풀죠. 좀 과격해 보이는 운동이라고 생각할지도 모르겠는데, 홍콩에 있을 때 만난 한 헤지펀드 매니저는 스피드와 스릴을 즐기기 위해 익스트림 스포츠를 하더라고요. 그에 비하면 제가 하는 건 그렇게 극한의 운동은 아니죠.

편 슬럼프가 오면 어떻게 해결하나요?

목 가끔 슬럼프가 오긴 하지만 별다른 노력을 하지 않아도 시간이 지나면 쉽게 극복이 됐었는데요. 2016년 초반에 깊은 슬럼프에 빠진 적이 있었어요. 투자 실적이 좋지 않아 기관투자사로부터 질타도 받고, 투자금 일부를 회수당하기도 했죠. 운용을 잘했건 못했건 투자금이 줄어 실적이 떨어지게 되면 회사의 연말 성과 평가도 나쁘게 나와요. 상황이 이렇다 보니 의욕이 많이 꺾였죠. 계속 가라앉은 채 살 순 없어서 돌파구를 찾기 위해 고민을 꽤 했는데요. 마음을 다잡고 하던 일로 돌아가 열심히 하는 것밖엔 뭐 특별한 방법이 없더라고요. 투자 실적이 좋아지면 다 해결될 문제였으니까요. 다시 목표를 재정립하고, 그 목표를 향해 꾸준히 나아갔던 게 슬럼프 극복 방법이라면 방법이었죠.

성취감을 느끼는 순간이 있나요?

편 성취감을 느끼는 순간이 있나요?

목 무엇보다 운용하는 펀드의 수익률이 좋아 투자자들이 행복해하고 고마워할 때 성취감을 느끼죠. 여러 회사들이 직원들의 퇴직연금을 펀드에 넣는데요. 수억 원이라는 상당한 금액이 들어가 있는 만큼 퇴직연금은 가입자들에게 굉장히 중요한 자산이죠. 하루는 엘리베이터에서 모 회사의 대표님을 만났는데, 어쩜 이렇게 운용을 잘했냐고 칭찬을 하며 굉장히 좋아하시더라고요. 퇴직연금 계좌를 확인할 때마다 기쁘다면서요.^^ 아직 수익 실현은 되지 않았지만 쭉쭉 올라가는 숫자를 보면서 잘해 줘서 정말 고맙다고 하거나 행복해하는 모습을 보면 저 역시 즐겁고 뿌듯해요.

함께 일하는 부서의 구성원들이 저와 함께 일하는 것에 자부심을 느낄 때도 큰 성취감을 느껴요. 제게 직접적으로 존경한다는 얘길 하는 직원도 있고, 다른 부서 사람들에게 그런 칭찬을 해서 다시 제 귀까지 들려오는 경우도 있는데요. 그런 얘길 들으면 힘든 길을 잘 헤쳐 나왔구나 하는 생각이 들어서 정말 기쁘죠. 제 신조가 '오로지 실전을 통해 증명하고, 증명을 통해 신용을 얻고, 신용을 통해 존경을 받는다.' 예요. 신조대로 살기 위해 어떤 일이건 최선을 다했죠. 사실 펀드매니저는 회사원과는 조금 달라서 각자 고유의 영역이 있고, 그 영역에서는 최종 의사결정자가 돼요. 회사가 어느 정도 관여는 할 수 있지만 제가 마지막에 의사결정을 하고 당연히 그 책임은 제가 지게 되죠. 그런 숙명을 가지다 보니 항상 최선을 다할 수밖에 없고요. 큰 문제 없이 여기까지 온 것만으로도 기쁜데 열심히 살아온 제 모습에 존경을 표하면 정말 큰 보상을 받는 기분이 들어요.

오랜 기간 몸담았던 직장에서 나오고 창업을 하기 전에 제 레코드를 페이스북에 올린 적이 있어요. 저를 응원해 주고 아껴주셨던 고객분들 모두에게 정말 감사드리며, 여러분으로 인해 존재할 수 있었다는 글도 함께 올렸죠. 감사하게도 그 트윗을 본 어떤 분이 펀드매니저가 남길 수 있는 최고의 발자취를 남기고 떠난다는 얘기를 해 주셨어요. 하나씩 훑어보니 어떤 건 3년을 운용한 것도 있고 길게 운용한 건 10년이 넘어간 것도 있더라고요. 그동안의 기록을 정리해 올리면서 이만하면 참 잘했다, 이 정도의 발자취를 남기는 것도 큰 성과라는 생각이 들며 굉장히 뿌듯해졌죠.

업무를 수행하는 과정에서 가장 고민되는 부분이나 신경 쓰는 부분이 있다면요?

🔳 업무를 수행하는 과정에서 가장 고민되는 부분이나 신경 쓰는 부분이 있다면요?

🔳 아무래도 돈을 다루다 보니 절대 실수하면 안 되기 때문에 숫자에 굉장히 신경을 쓰고 있어요. 숫자를 잘못 눌러 끝에 0 하나를 더 붙인다고 생각해 보세요. 어마어마한 실수가 되겠죠. 금액이 커지면 억과 수억이라는 차이를 만들게 돼요. 조 단위에서 실수를 할 경우 1조와 10조의 차이는 회사의 운명까지 바꿀 수 있는 중대한 일이 될 거고요. 1년에 한 번은 실수가 나오고, 실수가 큰 사고로 이어질 수 있기 때문에 집중력과 세심함이 정말 중요하죠.

의사결정에도 신경을 많이 써요. 업무란 게 인간이 하는 일이다 보니 꼼꼼하게 살핀다 해도 실수가 나오기 마련인데요. 금융업계에선 사소한 판단 착오가 엄청난 재앙을 초래할 수도 있어요. 판단을 잘못했든 매수할 타이밍에 매도를 했든 문제가 생겼을 때 가장 중요한 건 빠른 수습이기 때문에 직원들에게 늘 하는 말이 있어요. 실수를 하면 바로 와서 얘길 하라는 거죠. 이미 벌어진 일이고

시급한 건 즉시 처리하는 것이기에 왜 이런 일이 벌어졌는지 추궁하거나 질타하는 데 시간을 보내진 않아요. 일단은 해결이 우선이죠. 실수를 줄이려면 평소에 정리를 잘하는 것이 좋아요. 질서가 잡히지 않은 환경에서는 정신이 산만해져서 종종 실수가 생기고 깜빡하는 순간에 대형사고로 이어지거든요.

사람들이 생각하는 이미지와
실제 펀드매니저의 모습이 많이 다른가요?

🔲 사람들이 생각하는 이미지와 실제 펀드매니저의 모습이 많이 다른가요?

🔲 영화나 드라마에 나오는 펀드매니저는 완전히 말도 안 되는 캐릭터죠.^^ 영화를 본 관객들 중에는 저희도 그럴 것이라 생각하는 분이 있던데, 실제론 전혀 다른 모습이에요. 영화 〈부산행〉을 보면 "김대리, 좋은 정보 줄게"라는 대사가 나와요. 하지만 그런 일은 거의 발생하지 않죠. 비공개 정보를 이용하는 게 쉬운 일은 아니거든요. 그 외에도 수많은 영화에 주식시장을 능수능란하게 다루는 주인공이 나오는데, 제가 볼 땐 미디어가 만들어 낸 환상에 불과해요. 펀드 운용과 투자의 세계는 한마디로 불확실성을 통제하려는 세계라고 할 수 있는데요. 영화 속 인물들은 확실한 게 하나도 없는 이곳에서 원하는 숫자를 만들어내고 계획한 대로 엄청난 수익을 올리죠. 영화라는 특성에 맞춰 때론 저속하게 때론 화려하게 그려내는 그 인물들과 실제 저희의 모습은 180도 달라요. 매번 고전하고 성과가 좀 나오면 이번엔 행운이 좀 따라줬구나 하고 생각하죠.

IR * 주식시장에서 기업의 우량성을 확보해 나가기 위해 투자자들을 대상으로 실시하는 홍보활동

PB * 고액 자산가를 상대로 자산을 관리해 주고 컨설팅을 해 주는 금융전문가

이머징 마켓 * 자본시장 부문에서 새로이 급성장하고 있는 국가들의 시장

IR 전문가 기업 가치를 극대화하기 위해 투자자를 대상으로 커뮤니케이션 활동을 하는 사람

VVIP 서비스 소수의 부유층을 대상으로 한 자산관리 서비스로 일반 PB 고객들이 받을 수 있는 서비스는 기본이며 가업 승계나 상속, 증여, 기업 컨설팅 등 특화된 서비스도 제공

프런티어 마켓 이머징 마켓 중 증시 규모가 작고 역사가 짧아 투자자들에게 덜 알려진 차기 이머징 마켓

펀드매니저란

펀드매니저라는 직업에 대해 소개해 주세요.

편 펀드매니저라는 직업에 대해 소개해 주세요.

목 우선 펀드란 여러 사람으로부터 모은 실적 배당형 성격의 투자기금인데요. 이러한 펀드를 관리하며 운용하는 자산운용전문가를 펀드매니저라고 해요. 전문지식을 바탕으로 고객의 자금을 주식이나 채권, 부동산, 기타 특별자산에 투자하는데, 중요한 자산을 다루는 만큼 일정한 자격 요건을 갖추거나 자격시험에 합격해야 이 일을 할 수 있죠. 펀드매니저가 일하는 종합자산운용사 역시 일정 요건을 갖추어야 금융위원회로부터 인가를 받고 설립이 가능하고요. 국내의 대표적인 자산운용사로는 삼성자산운용, 한화자산운용, 미래에셋자산운용, 하나UBS자산운용 등이 있어요.

편 어떤 사람들과 함께 일하나요?

목 펀드가 만들어지는 과정을 알면 저희가 어떤 사람들과 일하는지 알 수 있어요. 펀드가 만들어지려면 첫 번째로 어떤 아이디어에 투자해야 돈을 벌 수 있을지 고민을 해야겠죠. 예를 들어 미국 시장의 전망이 밝다면 미국 주식에 투자하는 상품을 만들 수 있어요. 상품기획팀이나 펀드를 직접 운용하는 운용팀에서는 이러한 아이디어를 구체화하는데요. 이 단계에서 관련 법규에 위반되는 사항은 없는지, 실제 투자자들이 선호할만한 아이디어인지 등에 대한 검토를 거치죠. 분석한 내용에 개선할 사항이 없고 투자 콘셉트에 잘 맞는 상품이라고 판단되면 실제 펀드를 구성하게 돼요.

이후 금융감독원에 신고를 하면 펀드의 효력이 발생하지만, 계좌 안에는 아직 돈이 없기 때문에 생명력을 발휘하려면 이제 마케터의 역할이 중요해져요. 마케터가 개인투자자나 기관투자자에게 상품을 판매해 돈이 들어오기 시작하면, 돈이 들어오고 나가는 걸 처리해 주는 미들백 업무 담당자나 신탁회계 부서 직원과도 함께 일하게 되죠. 상품은 증권회사나 **사무수탁**°을 해 주는 은행에서도 판매되며, 주식이나 채권 등 유가증권의 집중 예탁 업무를 담당하는 증권예탁원을 거치게 되므로 각 기관의 담당자와도 협조 관계가 형성돼요.

정리하자면 금융시장의 정보를 분석하는 애널리스트와 상품개발, 마케팅, 운용, 컴플라이언스 부서 직원들, 회사 밖 금융 관련 업종의 여러 담당자들과 함께 일하고 있어요. 이건 국내 펀드매니저의 경우고 글로벌 펀드매니저라면 다른 나라의 증권사나 투자자, 마케터 그리고 관계 당국과도 긴밀한 커뮤니케이션이 필요해요. 저 역시 하나의 국가가 아니라 전 세계를 상대로 일을 했고, 해당 국가의 각 담당자들과 이해관계를 유지하며 업무를 진행했죠.

편 함께 일하고 싶은 직원은 어떤 사람인가요?

목 긍정적이면서도 제가 못하는 걸 할 수 있는 사람과 일하고 싶죠. 제 의견이나 시각만 따르는 것이 아니라 저와는 다른 관점에서 사고할 수 있는 사람이 필요하거든요. 조직에 순응하고 상사의 의견을 따르는 것이 어떤 분야에선 꼭 필요한 자질이 되기도 하는데요. 투자의 세계에서는 말을 잘 듣는 것이 그리 큰 장점은 아니에요. 글로벌 금융이라는 것은 형체가 없다고 생각해요. 무형이기 때문에 사람마다 주관적인 견해를 가질 수밖에 없고요. 어떤 회사가 어느 정도의 가치가 있는지 평가한다고 했을 때 모든 사람이 같은 의견을 낼 수는 없어요. 가격이란 건 사람들이 합의한 가치인데, 이 역시 어제와 오늘 다를 수 있고, 미국에 있을 때와 한국에 있을 때가 다를 수 있죠. 시간과 장소, 상황에 따라 그 가치가 달라지기에 그걸 어떻게 바라보는가는 매우 중요한 문제예요. 자칫 편협해질 수 있는 제 시각을 교정해 주고 넓혀줄 사람, 독립적으로 사고할 수 있는 사람과 일하고 싶어요.

구체적으로 어떤 일을 하나요?

편 구체적으로 어떤 일을 하나요?

목 펀드매니저 업무의 핵심은 의사결정이에요. 어떤 회사에 투자를 할 것인지 말 것인지를 결정하는 게 가장 중심이 되면서도 중요한 업무죠. 투자 전략을 세우고 투자할 대상을 선별해 펀드를 구성하게 되면, 총책임자가 되어 운용하면서 발생하는 리스크 관리, 시장의 상황 변동 대처 등 펀드와 관련된 모든 업무를 처리하게 되고요. 펀드라는 시스템이 잘 운용될 수 있도록 그 흐름을 꼼꼼하게 챙기며 관리하는 역할을 하고 있는 것이죠.

편 펀드매니저마다 영역이 나뉘어 있나요?

목 확실히 나눠져 있어요. 투자 분야에 따라 주식과 채권, 부동산, 원자재 등으로 나뉘는데 저는 주식 분야의 펀드매니저였죠. 주식 펀드매니저, 채권 펀드매니저, 부동산 펀드매니저, 원자재 펀드매니저 등이 있고 각 분야 안에 PM이라고 불리는 포트폴리오 매니저가 있어요. 펀드에 대한 총책임자죠. 미국의 경우 무늬만 펀드매니저인 섀도매니저라는 직책이 있어요. 명칭은 펀드매니저이지만 실

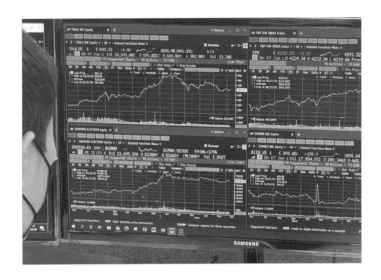

제론 펀드매니저의 생각을 읽고 마케팅을 하는 사람이죠. 펀드매니저의 업무를 돕는 부책임자인 코매니저가 있고요.

🔲 여러 분야 중 주식 분야를 선택한 이유가 있나요!?

🔲 대한민국 국민이 소액으로 가장 쉽게 할 수 있는 재테크가 주식이었던 것처럼 대학생이었던 저 역시 주식에 관심을 가졌었죠. 거기다 입사 후 처음 발령을 받았던 부서가 주식과 관련된 부서였어요. 이 분야를 좋아했거나 해야겠다고 마음먹은 것이 아니라 그

렇게 운명처럼 주식을 시작하게 되었죠. 초반에 이 분야에 대해 배우고 일하다 보니 나중엔 다른 쪽으로 노선을 바꾸기도 힘들었고요. 주식은 누구나 쉽게 시작할 수 있지만 채권이나 부동산 분야는 더 높은 전문성이 요구되거든요. 자신의 전문 분야를 바꾸는 일이 흔한 일은 아니죠.

투자 대상은 어떻게 선정하나요?

편 투자 대상은 어떻게 선정하나요?

목 투자 대상을 고르기 전에 어떤 식으로 수익을 내겠다는 고유의 투자 전략을 먼저 세워요. 예를 들어 미래를 바꾸는 기업에 투자하겠다고 하면 전기차나 자율주행차 등을 연구하고 생산하는 테슬라 같은 기업을 포트폴리오에 넣을 수 있겠죠. 워런 버핏처럼 저평가된 주식에 투자하거나, 한국의 **성장주**[•]에 투자하는 전략을 세워 그에 부합하는 기업을 찾는 것이에요. 투자 전략을 기반으로 자신만의 접근 방법 및 선정 기준에 따라 투자할 대상을 고르고 있죠. 더 구체적으로 얘기하면, 주식이라는 것은 회사의 가치인데, 이 가치를 결정하는 요인이 무엇인지를 먼저 분석해요. 분석한 내용이 가치를 결정하는 제 나름의 기준에 얼마나 부합하는지를 보고 점수가 높은 기업을 선택해 투자를 하고 있죠.

편 기업의 가치 외에 펀드매니저의 성향이나 감도 투자 대상 선정에 영향을 미치나요?

목 과거에는 촉도 어느 정도 영향을 미쳤던 것 같아요. 사실 IMF

경제 위기 전에는 펀드매니저라는 직업을 가진 사람이 많지 않았고 직업의 역사도 길지 않아 경험이나 데이터가 부족한 만큼 감이나 촉에 기반한 결정을 내리기도 했겠죠. 2000년대에 들어서면서 새로운 걸 받아들이려는 시도가 계속되었고, 외국의 투자 기법에 대해서도 배울 수 있는 기회가 생겼어요. 투자 대상 선정에 대한 기술이 더 학술적이고 펀드 구성이 점차 체계적이 되면서 펀드매니저의 전성시대가 펼쳐졌고요. 이젠 촉으로 투자 대상을 선정한다는 건 상상도 할 수 없어요. 개인투자자는 가능할지 모르겠지만 저희는 기업에 대한 데이터 등을 바탕으로 체계적인 기준에 따라 투자 대상을 선정하고 있죠.

해외 업무가 국내 업무와는 어떻게 다른지,
해외 업무에 어려움은 없었는지 궁금해요.

편 해외 업무가 국내 업무와는 어떻게 다른지, 해외 업무에 어려움은 없었는지 궁금해요.

목 일단 외국에 나가면 환경이 달라지잖아요. 그로 인해 좋은 점도 있고 나쁜 점도 있는데요. 우선 싱가포르에서 근무할 땐 아침에 외국인 담당자나 투자자들과 만나 밥을 먹으며 일을 시작했어요. 미팅은 근처 바닷가에 자리 잡은 근사한 장소에서 했고요. 그러다 보니 한국에 있을 때보다 더 낭만적인 느낌이 들더라고요. 국내에서는 출근할 때부터 퇴근할 때까지 하루 종일 사무실에서 지냈고 미팅도 회사 내부에서 하는 일이 많았는데, 그에 비하면 꽤 즐거운 생활이었죠.

　　반면 외국의 문화에 적응해 나가는 것이 꽤 힘들었어요. 사람들의 성향이나 그들의 조직 문화, 투자를 바라보는 가치가 한국과는 달랐거든요. 어떤 의견을 피력할 때마다 결정에 도달하기까지의 로직을 만들고, 그걸 논리적으로 설명해야 했죠. 그것만으로도 힘든데 언어 문제도 좀 있었고요. 국내와 달리 해외엔 네트워크가 없으니 해당 회사의 사정에 대해 누군가에게 물어볼 수가 없었는데요. 그런 이유로 회사에 대해 더 철저하게 파고들어 분석하다 보니 숫자나 본질에 강해지게 된 건 장점이었죠. 살아남기 위해 그들과 달리 계량적 모델을 사용했고, 거기에 여러 가지 정보를 결합해 숫자로 말하는 사람이 되었어요. 그게 한국에 돌아와서 보니 다른 펀드매니저와 저의 차이점이 되더라고요.

업무 외에 일상생활에선 음식 때문에 조금 괴로웠어요. 특히, 인도 오피스에서의 삶이 그랬죠. 아무리 맛있고 좋아하는 음식이라도 매일 먹기는 힘든데, 저는 1년 동안 카레만 먹었어요. 아침을 먹고 싶은데 이른 시간에 여는 식당이 없었던 것도 힘들었죠. 일이 끝나면 친구들과 맥주 한 잔 마시며 얘기를 나누는 문화도 없어서 더 친밀한 교류를 원했던 저는 그 점도 아쉬웠고요.

언제부터 이 직업이 생겼는지 궁금해요.

📱 언제부터 이 직업이 생겼는지 궁금해요.

📱 15세기 초에서 17세기 중엽까지의 대항해시대는 동서양의 무역이 활발하게 진행되던 때였어요. 일반 상인들도 항해 무역을 하던 시기였지만 배를 만들고 사람들을 모아 위험한 항해를 하는 게 쉬운 일은 아니었죠. 개인 혼자서는 항해에 드는 큰 자금을 마련하는 것도 어려운 일이었고요. 그래서 등장한 것이 펀드라는 개념이었죠. 상인들은 투자가 성공하면 투자금의 몇 배를 수익금으로 나눠주겠다며 투자자를 모집했어요. 여러 명으로부터 투자금을 모아 배를 만들고 무역을 통해 이익이 나면 수익금을 배분했던 것이 최초의 펀드였고, 이를 운용했던 상인들이 최초의 펀드매니저라고도 볼 수 있겠죠.

실제 금융회사에서 펀드 상품을 판매하기 시작한 건 1700년대 중반 암스테르담 증권가에 금융위기가 찾아오고부터예요. 한정된 자금을 가진 소액 투자자들에게 분산 투자할 수 있는 기회를 주고자 최초로 **뮤추얼펀드**˚가 만들어지게 되었죠. 외국 정부의 채권과 식민지에 투자했으며, 매년 4퍼센트의 배당금을 제공하고 펀드

세계 최초의 증권거래소

의 가입 기간은 25년이었다고 해요. 펀드매니저들은 철저한 분산
투자를 했으며 매년 운용보고서를 제공하고 운용수수료를 받는
데, 지금과 다른 점은 투자 수익금을 모든 투자자에게 투자 비율대
로 배분한 것이 아니라 추첨을 통해 일부 사람에게 더 많은 수익금
을 줬다는 점이에요. 당시엔 그게 일반적이었다고 하네요.

📵 국내에는 언제부터 이 직업이 생겼나요?

📵 국내 1호 펀드는 1970년 5월 20일에 한국투자개발공사가 설정한 1억 원 규모의 '안정성장증권투자신탁1월호'예요. 수익률은 당시 은행 정기예금 금리인 연 22.8퍼센트보다 높은 연 26퍼센트였다고 해요. 그 덕에 1971년 5월에 1억 원, 1972년 2월에 1억 원이 추가로 설정되었죠. 한국투자개발공사는 증권감독원과 대한투자신탁으로 분리되었고, 나중에는 대한투자신탁을 인수한 하나UBS자산운용이 이 펀드를 운용하게 되었고요. 정확한 기록은 없지만 첫 펀드가 나온 1970년대 무렵부터 펀드매니저도 등장하지 않았을까요? 그렇지만 일반인들에게 잘 알려지진 않았을 거예요. 이후 뮤추얼펀드가 국내에 들어오고 1998년 미래에셋자산운용에서 국내 최초로 '박현주 1호'라는 뮤추얼펀드를 성공시키면서 펀드매니저라는 직업도 큰 관심을 받게 되었죠.

펀드매니저로 활동하는 사람이 얼마나 되나요?

편 펀드매니저로 활동하는 사람이 얼마나 되나요?

목 금융투자협회에 따르면 2021년 1월 현재 국내에서 활동하는 펀드매니저는 757명이라고 해요. 평균 경력은 5년 7개월이며, 펀드매니저 1인당 평균 여섯 개의 펀드를 운용하고 있고요. 저 같은 경우 그 이상의 펀드를 운용한 적이 있는데 굉장히 힘들었던 기억이 있어서 여섯 개 정도면 적당하다는 생각이 드네요.

편 남녀 비율은 어떻게 되나요?

목 대략 남성이 90퍼센트, 여성이 10퍼센트 정도라고 하는데요. 제가 실제로 일을 하면서 느끼기엔 여성의 비율이 그보다도 더 적은 것 같아요. 게다가 펀드매니저로 일하다가 중간에 그만두는 여성도 많고요. 아무래도 출산이나 육아 문제가 그렇게 된 원인 중 하나겠죠.

외국의 펀드매니저와 다른 점이 있나요?

📭 외국의 펀드매니저와 다른 점이 있나요?

📭 업무에서 특별히 다른 점은 없고, 연봉 등을 보면 외국 펀드매니저의 보수가 더 많은 것 같아요. 외국의 경우 우리보다 역사가 긴 만큼 워런 버핏이나 피터 린치, 벤저민 그레이엄과 같은 전설적인 펀드매니저가 많았고요. 워런 버핏은 내재가치에 비해 저평가된 주식을 사고 장기 보유하는 방식을 따랐어요. 가장 대표적으로 알려진 버크셔 해서웨이 투자는 이 방식으로 1964년부터 2018년까지 연 환산 18.9퍼센트의 수익률을 기록했죠.

역사상 최고의 펀드매니저라 불리는 피터 린치의 전략은 GARP_{Growth At Reasonable Price}로 알려져 있는데, 이는 성장하는 기업을 적정한 가격에 사라는 뜻이에요. 주식시장 자체보다는 개별 기업에 더 주목했고, 그렇기에 발로 뛰는 투자를 선호했죠. 벤저민 그레이엄은 남들이 쳐다보지 않는 저평가 주식에 투자하는 전략을 사용했어요. 워런 버핏의 스승답게 장기투자를 중시했고, 짧은 기간 동안 매매하는 것을 투기로 보았죠.

역사상 최고의 펀드매니저라 불리는 피터 린치

미래에도 필요한 직업인가요?

편 미래에도 필요한 직업인가요?

목 어떤 면에선 갈수록 펀드매니저의 입지가 줄어들고 있기도 해요. 사실 인덱스펀드에 투자하는 펀드매니저는 점점 ETF로 대체되고 있거든요. ETF는 주식처럼 거래가 가능하고 특정 주가지수의 움직임에 따라 수익률이 결정되는 펀드로, 인덱스펀드를 거래소에 상장시켜 투자자들이 주식처럼 편리하게 거래할 수 있도록 만든 상품이에요. 그러니 굳이 인덱스펀드를 운용하는 펀드매니저를 둘 필요는 없어지겠죠. 이처럼 소극적이고 보수적인 패시브Passive 영역에서 일하는 펀드매니저의 자리는 줄 것으로 보여요.

이 영역과는 반대로 사람이 의사결정을 하는 액티브Active 영역이 있는데요. 기계가 데이터를 분석하고 통계적으로 의미 있는 수치를 만들어내긴 하지만 인간이 이를 기반으로 사고를 하고 의사결정을 통해 투자를 하는 것이 더 나은 성과를 보여주기 때문에 액티브 영역에서의 펀드매니저 역할은 계속해서 필요하겠죠. 인공지능이 펀드매니저의 역할을 대체하려면 인간과 같은 사고와 판단이 가능해야 하는데, 로봇이 완벽하게 스스로 생각하고 판단한 후 투자하는 일은 가까운 미래에는 불가능해 보여요. 물론 아주 먼 미래에는 가능할지도 모르겠지만요. 결국 사람과 인공지능이 협력해서 각자 잘하는 일을 극대화하는 방향으로 발전해 나갈 것이란 생각이 드네요.

금융 분야에서는 오늘 하루에만도 중요하고도 수많은 데이터가 엄청나게 쌓여가고 있어요. 기계는 이러한 데이터를 기반으로 미래를 예측하고 있고요. 그런데 알다시피 미래는 예측한 대로만 흘러가지는 않죠. 테슬라 주가만 해도 얼마 전에 갑자기 올라갔잖아요. 기계는 흐름을 쫓아가기 때문에 이런 갑작스러운 변화를 예측하지 못해요. 2020년의 팬데믹과 같은 상황 역시 마찬가지고요. 금융의 세계는 연속적으로 흘러가지 않기 때문에 어제는 상한가인데 오늘은 하한가인 게 가능하죠. 전쟁이 발발할 수도 있고요. 예상치 못한 일이 발생했을 때 기계에게 의사 결정을 요구할 순 없기 때문에 사람이 존재해야 하는 거예요. 인간이 혼자서 모든 걸 할 수도 없지만, 기계가 인간을 완전히 배제할 수도 없는 상황이라는 것은 이 둘이 서로를 보완하며 공존해야 한다는 의미겠죠.

편 인공지능을 활용한 **로보어드바이저**Robo-Advisor*에 대해선 어떻게 생각하세요?

목 로보어드바이저는 사실 인공지능을 활용했다고 생각하지 않아요. 인공지능이라 하면 사고를 해야 한다고 보는데, 로보어드바이저의 경우 기계적인 툴 정도밖엔 안 되거든요. 투자자가 입력한 투자 성향 정보를 토대로 알고리즘을 활용해 개인의 자산 운용을 자문하고 관리하는 정도죠. 그 이전에 퀀트Quant라는 게 있었어요. 수학과 통계에 기반해 투자 모델을 만들거나 금융시장의 변화를 예측하는 기법으로 보통 컴퓨터 알고리즘을 설계해 투자에 활용했죠. 이 퀀트에서 진화된 것이 로보어드바이저예요. 그런데 퀀트나 로보어드바이저나 불확실한 경제 상황에서는 펀드매니저에 비해 수익률이 낮아요. 로봇의 경우 데이터를 기반으로 자문하기 때문에 불확실한 상황에서 대응하기에는 아직 한계를 보이는 것 같네요.

시장의 성장을 위해선
어떤 점이 발전되어야 한다고 생각하세요?

편 시장의 성장을 위해선 어떤 점이 발전되어야 한다고 생각하세요?

목 우리나라의 경우 금융 규제가 매우 많은 편이에요. 첫 번째는 이런 규제들이 좀 완화되어야 한다는 거예요. 지나치게 구체적인 사항까지 법률로 규정해 놓아 효용성이 떨어질 뿐만 아니라 시대에 역행하는 부분도 많죠. 너무 불편한 것들은 꼭 필요한 규제인지 점검을 해 보고 조정하거나, 일반적인 기준만 제시하고 세부사항은 자율에 맡기는 등 개선책이 필요하다고 봐요.

두 번째는 양질의 인력이 유입돼야 한다는 거예요. 얘길 들어 보니 성적이 좋은 학생들은 거의 의대에 간다고 하더라고요. 물론 의사가 되어 질병을 치료하는 일은 매우 중요해요. 하지만 결과적으로 보면 어느 한 쪽으로 양질의 인력이 치우치는 건 굉장히 위험하다는 생각이 들어요. 금융 분야뿐만이 아니라 반도체나 컨설팅, 교육 등 다양한 분야로 인재들이 퍼져서 여러 산업이 골고루 성장해 나가는 것이 바람직하겠죠. 금융전문가를 육성할 수 있는 제도도 더 잘 갖춰져서, 그 틀 안에서 실력 있는 펀드매니저가 많이 나오면 좋겠네요.

사무수탁 ● 각종 펀드의 자산 가치 평가, 펀드 운용 내용에 대한 회계 처리 및 기록 보관 등의 업무

성장주 ● 앞으로 매출 혹은 이익 등이 큰 폭으로 성장할 가능성이 높은 종목

뮤추얼펀드 ● 주식 발행을 통해 투자자를 모집하고 모집된 투자자산을 전문적인 운용회사에 맡겨 그 운용수익을 투자자에게 배당금 형태로 되돌려주는 투자회사

로보어드바이저 ● 로봇과 투자전문가의 합성어로 인간 대신 모바일 기기나 PC를 통해 포트폴리오 관리를 수행하는 온라인 자산관리 서비스

가치주 성장은 더디지만 현재 가치에 비해 저평가된 주식

경기순환주 경기 상승 시에는 주가가 급등하고 경기 하강 시에는 주가가 급락하는 주식으로 주택 건설, 자동차, 제지 업종 등이 대표적

경기방어주 경기 변동과는 상관없이 일정한 가격 수준을 유지하는 기업의 주식으로 전력, 가스, 철도 등 공공재와 의약품, 식료품, 주류 등 생활필수품 종목이 이에 해당

트로이카주 비교적 장기간에 걸쳐 상승세를 이끄는 금융, 건설, 무역 관련 선도 세 개 업종의 주식

헤지펀드 주식이나 채권, 파생상품, 실물자산 등 다양한 상품에 투자해 목표 수익을 달성하는 것을 목적으로 하는 펀드

핀테크 금융과 기술의 합성어로 금융과 IT의 융합을 통한 금융 서비스 및 산업의 변화

펀드매니저가
되는 방법

펀드매니저가 되려면 어떤 과정이 필요한가요?

편 펀드매니저가 되려면 어떤 과정이 필요한가요?

목 펀드매니저란 자산운용사에서 펀드를 운용하는 사람이라고 했잖아요. 그럼 우선 자산운용사에 들어가야겠죠. 입사 후 회사의 투자 부서에서 관련 업무를 배우고 어느 정도 경력이 쌓이면 펀드 매니저가 될 수 있어요. 우리나라에서 펀드매니저로 일하려면 투자자산운용사 자격이 필요하기 때문에 회사에 다니면서 해당 자격을 취득해야 하고요.

증권사에 들어가 애널리스트로 활동하며 분석 업무를 익힌 후 다시 자산운용사에 입사해 투자 부서에서 관련 업무를 하다 펀드매니저가 될 수도 있어요. 그런데 자산운용사에 들어갔다 하더라도 투자 부서에 배치되는 것이 그리 쉬운 일은 아니에요. 탄탄한 회사의 투자 관련 부서는 경쟁률이 치열하거든요. 제가 미래에셋자산운용에 근무할 당시 글로벌 펀드매니저 한 명을 뽑는데 600명이 지원한 적도 있었죠.

📭 교육기관이 따로 있나요?

📙 펀드매니저 양성만을 위한 교육기관은 따로 없어요. 보통은 대학교에서 경제나 경영 관련 수업을 듣고 자산운용사 등에 취업해 일을 배우죠.

📭 펀드매니저가 되기 위해 가장 먼저 준비할 수 있는 것은 무엇일까요?

📙 한국금융투자협회에서 주관하는 투자자산운용사자격증을 미리 준비해 두는 것도 좋겠죠. 그 외에 하나 더 추천하는 게 미국 CFA Institute에서 자격을 부여하는 CFA, 즉 공인재무분석사예요. 우리나라의 실정법상 특정한 면허나 자격을 부여받진 못하지만 시험의 난이도와 국제자격의 권위를 인정받아 다양한 분야에서 우대를 받을 수 있죠. 공인재무분석사가 펀드매니저가 되기 위해 꼭 필요한 자격은 아니지만 있으면 나름대로 좋은 점이 많다, 정도로만 생각해 주면 될 것 같아요.

투자자산운용사 자격에 대해
구체적으로 알려주세요.

편 투자자산운용사 자격에 대해 구체적으로 알려주세요.

목 투자자산운용사란 한국금융투자협회에서 시행하는 투자자산 운용사 시험에 합격해 그 자격을 취득한 사람을 말해요. 자격을 취득한 후에는 고객의 자산 운용 전략을 수립하여 맞춤형 자산관리 서비스를 제공하는 펀드매니저로 일할 수 있죠. 투자자산운용사로 활동하려면 시험에 합격한 후 금융투자협회에 금융투자전문인력이나 투자권유대행인으로 등록하면 돼요.

　자격시험은 1년에 세 번 실시하는데, 2020년에는 코로나-19로 인해 시험이 취소되기도 했어요. 2021년에는 1월에 28회 시험이 있었고, 6월과 11월에 각각 29, 30회 시험이 예정되어 있고요. 시험 시간은 120분이며 그동안 세 과목, 100문항의 문제를 풀어야 하죠. 시험 과목을 보면 금융상품 및 세제, 투자운용 및 전략 II 및 투자분석, 직무윤리 및 법규와 투자운용 및 전략 I, 이렇게 세 과목이에요. 응시과목별 정답 비율이 40퍼센트 이상인 자 중에서, 응시 과목의 전체 정답 비율이 70퍼센트 이상이면 합격이고요. 이 자격이 없으면 증권사 또는 금융사 창고에서 집합투자재산, 신탁재산, 투자일임재산을 운용하는 업무를 하지 못하므로 민간 자격이지만 면허로서의 성격을 가지고 있죠.

편 난이도는 어떤가요?

목 합격률이 30퍼센트 정도로 다소 낮은 편이라 난이도가 높을 거라 생각하는 사람도 있겠지만 실제 시험의 수준을 보면 그렇게 높은 편은 아니에요. 해당 과목에 대한 최소한의 소양을 갖추라는 의미의 시험이라 열심히 공부하면 누구나 어렵지 않게 합격할 수 있어요.

편 자격증이 있으면 취업에 유리한가요?

목 채용 시 지원자가 금융에 대한 관심과 기초 지식이 있다고 판단하는 자료로 활용될 수는 있겠지만, 자격증의 유무가 취업의 당락을 결정짓는 요소는 아니에요. 입사 후에 자격을 취득하는 사람도 많죠. 그렇긴 하지만 금융 관련 전공자가 아닌 경우 해당 자격시험을 통해 금융 관련 지식을 빠르고 체계적으로 배울 수 있다는 장점이 있어요.

유리한 전공이 있나요?

편 유리한 전공이 있나요?

목 이 일에는 통계나 수학이 굉장한 도움이 돼요. 그렇다고 통계학을 전공한 사람이 투자를 잘한다는 얘긴 아니에요. 불확실한 상황에서 의사결정을 해야 할 때 통계에 기반한 종합적인 사고가 필요한데, 그런 전공을 한 사람이라면 어느 정도 유리하겠단 뜻이죠. 금융학이나 회계학도 도움이 되겠고, 기업에 대한 회계를 다루는 부분에서는 경영학과가, 매크로 투자를 다루는 부분에서는 경제학과가 유리하겠고요. 최근에는 인공지능이나 컴퓨터 공학 전공도 각광받고 있어요.

편 대학의 교육과정이나 수업방식이 궁금해요.

목 워낙 다양한 과에서 수학한 친구들이 펀드매니저가 되기 때문에 대학의 교육과정이 어떻다고 단정 짓긴 어려워요. 어떤 전공을 하는지에 따라 교육과정이 달라지니 자세한 커리큘럼은 원하는 대학의 홈페이지를 확인해 보는 것이 좋겠어요. 일반적으로는 1학년 때 학문의 기초와 교양과목을 배우고, 이후 심화 학문을 배우게 되죠. 수업 방식은 크게 강의형과 발표형, 실습형으로 나눌 수 있는데, 과마다 차이는 있겠지만 보통 강의형이 절반 이상의 비중을 차지하고 있고요.

대학에서 배우는 내용이 실무와는 조금 다를 수 있어요. 그렇다고 소홀히 해서는 안 돼요. 4년간의 경험이 실전에서 쓰는 기술이 되진 못해도 기초 체력을 만들어 주거든요. 기초가 부실하면 무엇을 얹어도 금방 흘러내리겠죠. 기틀을 다진다고 생각하며 성실하게 배우면서, 내가 원하는 직업이 요구하는 역량을 미리 파악하고 나만의 무기도 준비한다면 더 알찬 대학생활이 될 것 같네요.

경쟁력을 갖추려면 어떤 준비를 하는 게 좋을까요?

편 경쟁력을 갖추려면 어떤 준비를 하는 게 좋을까요?

목 실제 투자를 통해 자산을 운용해 보는 역량도 중요하기 때문에 모의투자 시스템을 이용해 자산에 대해 분석하고 투자하는 연습을 해 보는 걸 추천해요. 펀드매니저라는 꿈을 꾸면서도 실제 투자 경험은 전혀 없는 사람이 많더라고요. 여건이 된다면 모의투자가 아니라 적은 금액이라도 실제 자신의 돈을 투자해 보며 시장의 구조와 매매 메커니즘을 이해해 보는 것도 좋겠고요. 아직 어린 학생이라면 펀드에 대한 책을 읽거나 신문 기사나 칼럼을 보면서 산업의 흐름과 금융시장에 대한 이슈를 파악하고, 그 내용을 정리해 보는 것도 괜찮을 것 같네요.

외국어를 잘해야 하나요?

편 외국어를 잘해야 하나요?

목 외국어를 잘하면 좋죠. 통역사가 있고, 통역기도 많지만 동시통역이란 게 쉽지는 않잖아요. 특히 글로벌 펀드매니저로 일할 경우 외국인을 상대할 일이 많은데, 그럴 때마다 통역사나 통역기를 이용하는 것보다는 직접 대화하는 게 빠르고 용이하겠죠. 언어는 각자 고유한 뉘앙스를 가지는데, 그런 걸 전달하거나 파악하는 일도 더 쉽겠고요. 외국어를 배우는 일은 그 나라의 문화를 이해하는 일과 밀접하게 연결되어 있는데요. 기업을 분석하는 데 있어 해당 국가의 정치나 경제, 문화는 매우 중요한 요소이기 때문에 언어를 통해 그 나라를 더 깊이 알게 되는 것은 굉장한 장점이에요.

뿐만 아니라 양질의 정보 대다수는 영어로 구성되어 있어요. 웹에서 한국어로 구성된 콘텐츠는 영어 콘텐츠에 비해 한참 부족하죠. 앞서 투자의 핵심은 의사결정이라고 했는데요. 소량의 정보를 이용하는 사람과 더 많은 정보에 접근할 수 있는 사람 간에는 분명한 차이가 존재하겠죠. 시시각각 금융시장에 영향을 주는 다양한 뉴스들을 정확한 맥락으로 바로 확인할 수 있다는 점도 중요하겠고요. 정리하자면 펀드매니저가 되는데 반드시 필요한 조건은 아니지만 같은 자질을 갖고 있는 사람들 중에서 한 명을 채용해야 한다면 그중에서 외국어 실력이 뛰어난 친구를 뽑을 거란 얘기죠.

유학이 필요한가요?

편 유학이 필요한가요?

목 유학 역시 마찬가지예요. 반드시 필요하진 않지만 다양한 경험은 늘 유리하게 작용하죠. 국내 펀드매니저라 하더라도 대한민국의 특성상 수많은 기업들이 글로벌 시장을 겨냥하고 있는 만큼 세계 각지에 대한 관심과 이해는 필요한데요. 외국 유학을 통해 현지에서 체험한 일들이 글로벌 시장의 흐름과 이슈를 이해하고 판단하는 데 도움이 될 수도 있겠죠. 유학의 경험이 생각을 열리게 해주고, 열린 생각이 남들과 다른 사고의 바탕이 된다면 그것도 좋은 일이겠고요.

어떤 자질을 갖추어야 하나요?

편 어떤 자질을 갖추어야 하나요?

목 펀드매니저가 갖추어야 할 자질로 인내심과 분석력, 비판력을 꼽고 싶어요. 인내심이 부족한 사람의 투자는 단순히 시장의 흐름을 쫓는 것과 다를 바 없죠. 참을성 있게 기다려야 할 때도 있고 그 반대의 경우도 있는데, 인내심이 부족하면 차트를 보고 주가에 따라 사고파는 것밖엔 못한단 뜻이에요. 물론 그런 식으로 매도하거나 매수해야 하는 타이밍도 있지만, 주식시장은 매우 불확실한 세계라 상황에 따라 다른 결정을 내려야 하는 일이 훨씬 많아요. 때마다 어떤 분위기와 흐름이 있는데 그런 것들에 흔들리지 않고 자신만의 방식으로 파도를 넘어가야 하는 거죠. 그럴 때 가장 필요한 능력이 휘둘리지 않고 기다릴 줄 아는 인내심이고요.

세계 금융업계에는 블랙스톤이나 블랙록, 브리지워터, 르네상스 테크놀로지와 같은 유수의 기업들이 있어요. 컴퓨터 공학 전공자들이 애플이나 구글에 입사하고 싶은 것처럼 금융 관련 전공자들은 이런 기업에 들어가길 꿈꾸죠. 그런 회사들이 원하는 인재는 분석력이 뛰어나고, 비판적으로 사고할 수 있는 사람이에요. 날카

르네상스 테크놀로지의 CEO였던 짐 사이먼스Jim Simons, 르네상스 테크놀로지의 메달리온 펀드는 수학적 모델을 사용한 알고리즘 트레이딩을 이용하여 1998년부터 2018년까지 연평균 66퍼센트의 놀라운 수익률을 기록하였다.

로운 분석력을 통해 기업과 돈의 흐름을 파악하고 그 안에서 최대한 많은 것들을 유추해낼 수 있어야 한단 뜻이에요. 비판적인 시각으로 현상이나 사물을 바라보고 판단하며 잘못된 점이 있으면 밝혀내야 한다는 뜻이고요. 투자할 대상을 제대로 파악하지 못하거나 독자적인 판단을 내리지 못하고 남들이 하는 대로 따라가는 사람이 대성할리 없겠죠? 분석력이 떨어지고 비판적인 사고를 하지 못하는 사람은 펀드매니저의 자격이 없다고까지 말할 수 있을 정도로 이 두 가지 자질은 매우 중요해요.

〈빅 쇼트〉라는 영화가 있어요. 월스트리트에서 일하는 네 명의 괴짜 천재들이 주인공인데, 성격을 보면 뭔가가 하나씩 결여되어 있죠. 그렇다고 투자자로서의 역량이 부족한 건 아니에요. 오히려 날카로운 분석과 냉철한 비판, 자신이 낸 결론을 끊임없이 밀어붙이는 힘을 통해 엄청난 수익을 올리는데, 그런 부분이 꽤 흥미롭더라고요. 이 분야가 인성이 나쁘다고 못하는 직업도 아니지만 인성이 좋다고 잘 되는 직업도 아니에요. 돈의 흐름을 분석하고 시장의 상황을 비판적으로 바라볼 수 있는 능력을 극대화할 수 있는 사람이 펀드매니저로서 성공할 수 있는 거죠.

편 같은 정보를 가지고도 어떻게 분석하느냐에 따라 투자 방향이 달라질 수도 있겠네요.

목 그럼요. 같은 정보를 받고 어떤 사람은 매도 의견을 내지만 어떤 사람은 매수 의견을 내기도 해요. 동일한 현상을 각자 달리 해석하니 그런 결과가 나오는 거겠죠. 의견은 사람마다 다를 수 있고, 그 의견이 어떤 결과를 가져올지는 미래에만 알 수 있기 때문에 정확한 분석력은 매우 중요한 가치예요.

펀드매니저로 성공하기 위한
팁이 있다면 알려주세요.

편 펀드매니저로 성공하기 위한 팁이 있다면 알려주세요.

목 성공의 핵심은 '차별화'라고 생각해요. 늘 남들과 다르게 사고하고 다르게 보려고 노력했죠. 어떻게 하면 다르면서도 가치 있는 것을 찾을 수 있을지 정말 많이 고민했고요. 그런 노력들이 저와 다른 펀드매니저와의 차이를 만들었다고 봐요. 제가 처음 이 일을 시작할 무렵 이 분야에서 1등을 하란 얘길 들었어요. 수많은 사람들 중에서 1등을 하면, 네가 할 수 있는 것들이 더 많아지고 그걸로 인해 새로운 세계가 열릴 거라고 했죠. 다들 하는 생각을 하고 남들이 하는 대로 따라가면 1등은커녕 제자리도 지킬 수가 없잖아요. 다른 걸 만들어내야 달라질 수 있다고 믿고, 고민하고 고민해서 저만의 것을 만들어냈죠.

펀드매니저가
되면

연봉은 어느 정도인가요?

🔲 연봉은 어느 정도인가요?

🔲 펀드매니저라고 하면 월가의 금융인을 떠올리는 사람이 많은데요. 기본적으로 같은 일을 하는 건 맞지만 수입에는 큰 차이가 있어요. 과거에는 국내에도 고액의 연봉을 받는 스타 펀드매니저가 있었지만 최근에는 펀드매니저 개인보다 자산운용사의 브랜드 파워가 커지면서 예전 같은 영광은 찾아보기 힘들어졌죠. 저도 예전엔 스타 매니저라고 불렸는데요, 대외비라 정확한 금액은 공개할 수 없으니 연봉이 꽤 높은 편이었다는 것 정도만 얘기할게요. 일반적으로 말하자면 소속되어 있는 회사나 경력, 운용하고 있는 펀드의 성과에 따라 천차만별이긴 하지만 실력 있는 분들의 경우 기본급에 성과급을 더해 억대 연봉을 받고 있죠. 이러한 금액은 제조업 종사자는 물론 금융권 평균 직장인 연봉보다 높은 편이고요.

🔲 초임자의 연봉은 보통 얼마인가요?

🔲 회사마다 내부 규정이 있고, 그에 따라 조금씩 다르겠지만 보통 신입 직원의 기본급은 3,000만 원 후반에서 5,000만 원 내외예

요. 일반적으로 자산운용사에 신입으로 입사하게 되면 사내 애널리스트로 시작하는 경우가 많은데, 이럴 때 성과급은 자신의 성과와는 직접적인 연관이 없죠.

편 그럼 신입 애널리스트의 경우 어떤 식으로 성과급을 지급받는지 궁금해요.

목 애널리스트의 경우 포트폴리오 매니저의 펀드 투자 결정에 어떤 도움을 주었는지 그 기여도를 판단해서 성과급을 지급해요. 신입 애널리스트는 담당 업무가 많지 않기 때문에 펀드 운용 오퍼레이션이나 기타 업무로 성과급 지급에 대한 판단을 하고요. 이후 경험과 지식이 쌓이면서, 기업 분석과 같은 투자 의사결정에 대한 책임이 커지게 되고 이는 성과급과 연동되죠.

편 연봉 체계를 알려주세요.

목 소속된 자산운용사에 따라 조금 다른 경우도 있지만 일반적으로 회사 내의 직급에 따라 기본급이 정해지고, 운용하고 있는 펀드 수익률에 따라 성과급이 결정돼요. 보통 성과급은 연봉의 몇 퍼센트 내외라는 상한선이 정해져 있는 경우가 많아요. 결과적으로 성과가 아주 뛰어나다면 직급과 상관없이 매우 높은 연봉을 받게 되죠. 성과급의 지급 시기를 보면, 매년 연말까지의 성과를 고려해 다음 해 초에 지급되는 것이 일반적이고요. 2020년 저의 펀드 운용 성과는 좋았지만 회사를 창업하기 위해 퇴사하다 보니 많은 성과급을 포기해야 했죠.

직급 체계는 어떻게 되나요?

편 직급 체계는 어떻게 되나요?

목 직급 역시 회사마다 다르겠지만 많은 곳이 일반 회사와 유사한 시스템으로 운영되고 있어요. 즉, 사원으로 시작해 대리, 과장, 차장, 부장, 이사, 상무보, 상무, 전무, 부사장, 사장 순으로 올라가는 것이죠. 체계는 유사하지만 일반 회사와는 직책을 다르게 부르기도 해요. 예를 들어 사원과 대리를 매니저와 선임매니저라고 부르는 곳도 있어요. 책임운용역이 되면 펀드매니저의 다른 호칭인 포트폴리오 매니저로 부르기도 하죠. 책임운용역의 상급자가 총관리자인 CIOChief Investment Officer가 되고요.

근무 시간은 어떻게 되나요?

📖 근무 시간은 어떻게 되나요?

🎯 근무 시간은 보통 오전 8시부터 오후 5시까지예요. 그렇지만 펀드매니저로 일하게 되면 이와 같은 근무 시간은 의미가 없어지죠. 출근 전이나 퇴근 후에도 눈과 귀는 계속 주식시장에 열려 있거든요. 저 역시 퇴근을 하고 놀고 있을 때도 머릿속으로는 계속 업무와 관련된 것들을 생각하곤 했어요. 집에 가서도 해외 주식시장을 보고 있었고요. 어떻게 보면 24시간 중 상당 부분이 근무 시간인 셈이었죠. 물론 모든 펀드매니저가 그런 것은 아니에요. 일반 직장인처럼 근무 시간 내에만 일하고 나머지 시간은 자신을 위해 보내는 사람도 있죠. 하지만 이 분야에서 성공하고 싶다면, 남보다 잘하고 싶다면 이러한 현실을 받아들일 수 있는지 충분히 숙고해 보길 바라요.

📖 휴일에도 근무하나요?

🎯 주 5일 근무제를 시행하고 있지만 다른 나라의 주식시장을 보다 보면 누가 지시하지 않더라도 퇴근이나 주말과 상관없이 더 일

하게 되더라고요.

근무 여건은 어떤가요?

편 근무 여건은 어떤가요?

목 세계 금융시장의 중심지인 월가는 뉴욕에서도 가장 비싼 맨해튼 남부에 위치하고 있죠. 세계에서 제일 큰 규모의 뉴욕증권거래소를 비롯해 대형 증권회사와 대형 은행이 집중되어 있는데요. 우리나라 역시 마찬가지예요. 서울에서 가장 환경이 좋고 교통의 요지인 곳에 금융 관련 업체들이 입주해 있죠. 저도 이번에 회사를 설립하면서 어디에 사무실을 얻을까 고민을 많이 했는데요. 비용이 더 들더라도 위치와 환경을 고려해 여의도의 IFC로 결정했죠.

편 복지 여건은 어떤가요?

목 복지 여건은 일반 회사와 비슷해요. 운동시설 사용이나, 교육비 등의 복지 제도가 있는데, 이는 회사의 규모에 따라 달라지죠. 펀드매니저에게만 제공되는 특별한 복지는 없고요.

노동 강도는 어느 정도인가요?

 노동 강도는 어느 정도인가요?

 육체적인 노동 강도는 세지 않지만 정신적인 노동 강도가 다소 센 편이에요. 몸은 거의 쓰지 않고 머리만 쓰다 보면 밸런스가 깨지기 쉽잖아요. 저는 이 둘의 밸런스를 유지하기 위해 운동을 선택했죠. 다양한 스포츠를 즐기며 신체를 강화하고 뇌를 쉬게 해준 것이 지금까지 버틸 수 있는 이유였다고 생각해요.

정년은 언제까지인가요?

편 정년은 언제까지인가요?

목 펀드매니저에게 정년은 따로 없어요. 제가 생각하는 최고의 장점이 바로 이 점이죠. 펀드매니저 경력의 절정은 언제일까요? 저는 바로 지금 제 나이대라고 생각해요. 4, 50대가 되면 젊어서부터 쌓은 경험과 지식이 깊어지고 체력도 어느 정도 받쳐주니 삼박자가 맞으며 최고의 경지에 이르거든요. 이후 정신과 육체의 힘이 서서히 떨어지지만 그렇다고 해서 이 일을 못하는 건 아니에요. 판단력이 살아있고 계속해서 투자에 관심이 있다면 나이가 들어서도 충분히 일할 수 있죠.

워런 버핏과 그의 조언자, 찰스 멍거Charles Munger

직업병이 있나요?

편 직업병이 있나요?

목 매일 중요한 선택을 하다 보니 일상생활에서도 어떤 일에 건의사 결정이 명확해지죠. 그냥 지나가도 되는 일도 정확하게 예스인지 노인지 짚고 가게 되더라고요. 두루뭉술하게 넘어가는 일이 없이요. 이 분야에서는 숫자 하나 잘못 써서 주문 실수가 생기는 일도 종종 있는데요. 그러다 보니 오타에 굉장히 민감해졌고요. 일에서뿐만 아니라 평소 카카오톡 메시지를 보낼 때도 잘못 누르면 정정해서 다시 보내게 되었죠. 주변 사람들 눈엔 이런 제 모습이 까칠한 완벽주의자로 비칠지도 모르겠네요.

펀드매니저가 됐을 때
가장 걱정되었던 점은 무엇인가요?

편 펀드매니저가 됐을 때 가장 걱정되었던 점은 무엇인가요?

목 미래에셋자산운용에 입사한 직후에는 잠시 다른 업무를 했어요. 그러는 동안 펀드매니저를 희망했는데 막상 이 일을 맡게 되니 내가 과연 잘 해낼 수 있을까 걱정이 되었죠. 가장 처음 운용했던 유명한 펀드가 인사이트펀드였는데, 당시 실적이 매우 좋지 않은 상황에서 이어받게 되어 어떻게 하면 원금을 회복할 수 있을까 고민이 많았고요. 사실 펀드매니저가 되는데 투자자산운용사 외에 대단한 자격이 필요한 건 아니에요. 회사에서 펀드를 운용하라고 하면 그때부터 펀드매니저가 되는 거죠. 그러다 운용 실적이 나쁘면 교체가 되기도 하고요. 물론 기막히게 수행해내는 사람들도 있는데요. 피터 린치는 1977년부터 1990년까지 13년 동안 마젤란펀드를 운용하면서 누적 수익률 2,700퍼센트라는 대단한 실적을 올렸죠. 조지 소로스는 짐 로저스Jim Rogers와 함께 퀀텀펀드를 운용하며 20년간 연평균 수익률 34퍼센트를 기록해 헤지펀드 역사에 새로운 획을 긋기도 했고요. 잘할 수 있을지 두렵기도 했지만 이왕

할 거면 그들처럼 새로운 역사를 쓰는 사람이 되고 싶은 바람도 있
었어요.

펀드매니저로서 가장 기억에 남는 순간은 언제였나요?

🔲 펀드매니저로서 가장 기억에 남는 순간은 언제였나요?

🔲 직장인으로서 가장 기억에 남는 순간은 펀드매니저가 되어 맡았던 인사이트펀드의 원금을 회복한 날이에요. 2014년 11월이었는데 원금 회복에 대한 확신이 느껴지는 순간, 그동안의 마음고생 때문인지 눈물이 나더라고요. 원금 회복에 가장 기여를 많이 했던 사람으로서 자랑스럽기도 했고요. 역설적이게도 그다음 기억나는 순간은 2020년 11월 30일, 미래에셋자산운용 퇴사일이에요. 펀드매니저를 그만두고 투자자로서 새 출발을 하는데, 그동안의 노력과 고생, 성공의 기쁨들이 스쳐 지나가면서 뭐라 형언할 수 없는 감정이 솟구치더라고요. 그동안 펀드매니저로 살아왔던 인생의 경험과 회사에서 받았던 급여를 모두 제가 설립할 회사에 두자한다고 생각하니 걱정스럽기도 했지만 새로운 시작에 대한 기대와 설렘도 느껴졌고요.

다른 분야로 진출이 가능한가요?

📖 다른 분야로 진출이 가능한가요?

📘 자산을 운용해본 경험을 살려 은행의 PB가 될 수도 있고, 증권사로 가서 고유자산 운용업무를 수행하며 역량을 발휘할 수도 있겠죠. 투자자문사나 자산운용사를 설립해 직접 회사를 운영할 수도 있겠고요.

현재 삶에 만족하세요?

🔲 현재 삶에 만족하세요?

🔲 열심히 노력도 했지만 운도 따라준 덕분에 펀드매니저로서 어느 정도 성과를 올리게 된 것이 기쁘고 만족스러워요. 세상의 수많은 직업 중에서 이 일을 택하고 지금까지 해올 수 있어 행복했죠. 특히나 확장성이라는 측면에서는 좋은 직업을 선택했다고 생각해요. 제 일을 통해 다양한 사람들을 만나고 여러 분야를 접하게 되어 많이 배울 수 있었거든요. 그게 다 밑거름이 되어 또 다른 시작의 바탕이 되어줄 거라 믿어요.

펀드매니저가 되겠다는 마음을 굳히게 된 데에는 짐 로저스의 『어드벤처 캐피털리스트Adventure Capitalist』라는 책의 영향도 있었는데요. 이는 짐 로저스가 노란색 벤츠를 타고 전 세계를 여행하며 쓴 기록이에요. 수많은 나라를 여행하면서 그 나라의 정치, 경제, 투자 환경을 꿰뚫어보고 그 자리에서 투자 결정을 내리기도 했던 3년간의 여행 기록이자 투자 방법 소개서이죠. 저는 이 책을 영어 교재로 쓰면서 세 네 번을 정독했는데, 그러는 동안 짐 로저스처럼 살고 싶다는 생각이 들었어요. 지난 시간 동안 일부는 그처럼 살았지만 충분하진 못했기에 이제 직장을 뒤로하고 꿈꿨던 삶을 살고자 해요. 제 앞날이 어떤 모습을 하고 있을지는 그 누구도 모르지만, 각오는 되어 있으니 한번 시작해 보려고요.

편 펀드매니저가 된 걸 후회한 적은 없었나요?

목 성과가 너무 나빠서 투자자들이 비난하고 지탄할 때가 있었는데, 그때 가장 힘들기도 했고 이런 일을 하게 된 걸 조금은 후회하기도 했죠. 사실 운용 실적이 좋지 않으면 가슴이 너무나 아파요.

노란색 벤츠를 타고 전 세계를 여행하는 짐 로저스

불가피한 시장 상황 때문에 무슨 수를 써도 손실을 회복할 수 없는 경우엔 무력감을 느끼기도 하고요. 개인투자자들은 손실을 원치 않고 빨리 이익이 나기만을 바라기 때문에 성과가 좋지 않으면 굉장히 화를 내기도 하죠. 고객이 갑이고 저는 을이기 때문에 그럴 때면 서러워져요. 상황은 조금씩 다르겠지만 많은 직장인이 저와 같은 경험을 해 봤겠죠?

 펀드를 운용하면서 수차례 증시 폭락을 경험한 적이 있어요. 심한 스트레스를 받아서 자고 일어났는데도 잔 것 같지 않고 팔까지 덜덜 떨려왔죠. 심란한 마음으로 출근 준비를 하고 거리로 나왔는데 날은 화창하고 사람들은 여느 날처럼 평온히 제 갈 길을 가더라고요. 저 같은 사람만이 불안감과 공포를 느끼는 날이었죠. 평범한 직장인이 될 걸 그랬나 후회도 되고, 스트레스로 인해 몸까지 아프기 시작했어요. 제가 이때 펀드매니저로 대성하기 위해선 스트레스 관리가 매우 중요하다는 걸 절실히 느꼈죠. 어떤 상황에서건 인내심을 가지고 기다리고, 통제력을 발휘하며 마음을 다스리는 게 무엇보다 필요한 자질이라는 생각이 들었어요. 그런 이유로 신입 직원을 채용할 때 지원자가 주어진 상황에서 어떻게 대응하는지 보기 위해 압박 면접을 하기도 했죠.

편 만약 직업 선택의 자유가 주어진다면 펀드매니저 외에 어떤 일을 하고 싶나요?

목 다른 직업을 선택해야 한다면 자격증이 있는 변호사 일을 해보고 싶어요. 고등학교 때 부모님께서는 제가 법대에 진학하길 원하셨어요. 그 당시 대한민국의 많은 부모님들은 자녀들이 법대나 의대에 진학해 변호사 혹은 의사 자격증을 받길 원하셨죠. 자격증은 진입장벽을 의미하기 때문에 돌이켜보면 맞는 이야기셨어요. 만약 새로운 인생이 펼쳐진다면 약자들의 이야기를 듣고 그들의 편에 서서 이 사회가 가져야 할 바람직한 균형을 추구해 보고 싶어요. 굉장히 매력적인 일이 되지 않을까 싶네요.

나도
펀드매니저

사회 초년생에게
펀드 추천하기

요즘 2, 30대 사회 초년생들은 어느 세대들보다 자산관리에 관심
이 높다고 해요. 평생직장의 개념이 사라지고 집값은 계속해서 올
라가니 투자를 통해 자산을 증식하고는 싶은데 구체적으로 어떻게
해야 하는지 몰라 고민하는 친구들이 많죠. 그런 친구들에게 어떤
조언을 해 주면 좋을지, 어떤 펀드가 사회 초년생에게 적합할지 생
각해 보세요.

나의 조언

추천하고 싶은 펀드

---

1. 펀드매니저의 조언

지금은 초저금리, 마이너스 금리 시대죠. 적금에 가입해서 이자를 받는 재테크는 더 이상 통하지 않아요. 그럼 어떻게 해야 자산을 증식할 수 있을까요? 목돈을 만들기 위해서는 내 자산을 정확하게 파악하는 일이 먼저예요. 수입과 지출 내역, 가입한 금융상품의 월 납입액, 수익률, 잔고, 만기일, 보유하고 있는 부동산이나 자동차, 주식 등의 구입가와 현재 시세 등이 포함된 자산현황표를 작성해 보세요. 표를 통해 내 자산을 한눈에 파악할 수 있고, 총자산 대비 부채 비율, 바로 현금화할 수 있는 유동화자산 비율, 투자자산의 수익률 등을 분석해볼 수 있죠. 저축을 늘리기 위해 소비를 줄이는 것은 필수인데, 고정지출 항목을 통해 내가 어디에 주로 소비를 하는지, 어떤 소비를 줄일 수 있는지도 알 수 있고요.

2. 사회 초년생에게 적합한 펀드 추천하기

펀드를 추천하기 전에 가장 먼저 해야 할 일은 고객의 투자 성향과 투자 목표, 투자 기간을 체크하는 것이에요. 같은 사회 초년생이라 하더라도 각자의 상황에 따라 추천해 줄 상품이 다르거든요. 먼저 투자 성향은 수익을 추구하는 형과 안정을 추구하는 형으로 나눌 수 있어요. 다소 위험 부담이 있더라도 고수익을 추구한다면 주식이나 후순위채권에 투자하는 상품 또는 해외펀드를, 리스크가 부담스럽다면 주로 채권에 투자하는 상품을 추천하는 것이 좋아요. 투자 목표가 목돈 마련이라면 적립식 상품을, 목돈 운용이라면 단기펀드나 사모펀드를, 목돈의 마련과 운용을 같이하려면 배당주펀드를 추천할 수 있죠. 투자 기간의 경우 1년 이내라면 단기펀드, 3년 이내라면 배당주펀드, 5년 이내라면 사모펀드를 추천할 수 있고요.

투자 대가의 종목 발굴 원칙에 따라
기업 발굴해 보기

전설적인 펀드매니저 피터 린치에 대해 들어본 적 있나요? 워런 버 핏과 더불어 살아있는 월스트리트의 전설로 통하는 그는 13년간 마젤란펀드를 운용하면서 2천만 달러의 자금을 690배에 달하는 140억 달러 규모의 뮤추얼펀드로 성장시켰죠. 국내에서는 『전설로 떠나는 월가의 영웅』이라는 책의 저자로도 유명한데요. 이 책에는 개인투자자가 펀드매니저보다 더 쉽게 종목을 발굴하는 법이 나와 있어요. 바로 내 주위에 있는 좋은 제품이나 탁월한 서비스를 제공 하는 기업을 찾아보는 것이죠. 괜찮은 기업을 발견했다고 바로 투 자 결정을 하는 것은 위험해요. 그전에 먼저 그 회사가 돈을 잘 벌 고 있는지 혹은 미래에 잘 벌 것인지를 확인해야 하겠죠. 평소 즐겨 이용했던 기업 혹은 유망하다고 느끼는 회사들을 찾아보고 실제로 도 탄탄한 기업인지 분석해 보세요.

내가 고른 기업 1_ 이 기업을 선택한 이유

수익성

투자 포인트

내가 고른 기업 2_ 이 기업을 선택한 이유

_____

_____

_____

_____

_____

수익성

_____

_____

_____

_____

투자 포인트

_____

_____

_____

_____

_____

내가 고른 기업 3_ 이 기업을 선택한 이유

수익성

투자 포인트

---

1. 종목 발굴하기

SNS를 좋아하는 친구들은 틱톡이나 인스타그램, 페이스북을, 게임을 좋아하는 학생이라면 로블록스나 아프리카TV를 그 어떤 펀드매니저보다 먼저 눈여겨봤을 거라 생각해요. 넷플릭스의 오리지널 드라마 〈스위트홈〉을 재밌게 본 사람이라면 제작사인 스튜디오드래곤에 투자하는 것을 고려해 봤을지도 모르고요. 내가 좋아하는 아이돌의 노래에 대박 조짐이 보인다면 이 역시 투자 대상이 될 수 있죠. 여러분이 흥미를 느낀 분야에서 새롭게 떠오르는 아이템, 유망한 아이템을 찾아보세요. 우리 주변에 괜찮은 제품이 있다면 이와 관련된 기업을 찾아보는 것도 좋아요. 투자할만한 기업을 선택했다면 상장이 되어 있는지 확인해야겠죠? 수많은 기업들이 거래소에 상장되어 있고, 상장된 기업의 주식은 누구든 사고팔 수 있답니다.

2. 수익성 확인하기

후보 종목들을 골랐다면 그다음 할 일은 해당 기업이 돈을 잘 벌고 있는지 확인하는 것이에요. 당장은 돈을 잘 벌지 못해도 미래에 수익성이 크게 증가할 것 같은 기업도 투자 대상에 포함되죠. 요즘은 주요 재무지표들이 네이버나 구글 등에 올라와 있으니 실적을 확인하는 일은 어렵지 않아요. 내가 좋게 느꼈던 서비스가 전체 매출에서 얼마를 차지하는지, 매출이 어느 정도 성장하고 있는지, 경쟁 기업 출연으로 인해 매출이 줄어들 우려는 없는지, 현재 보유한 부채가 감당 가능한 수준인지 하나하나 체크해 보면서 내가 선택한 기업의 가치를 가늠해 보세요.

3. 투자 포인트 점검하기

종목도 찾고, 수익성도 확인했다면 이제 투자 포인트를 작성해 최종 투자 여부를 결정지어야 해요. 작성된 투자 포인트는 포트폴리오 편입 이후 해당 기업에 계속해서 투자할지, 팔아야 할지 결정할 때 활용되죠. 앞으로도 높은 성장이 예상된다는 구체적 근거나 수치, 다른 기업이 침범할 수 없는 진입장벽 보유뿐만 아니라 CEO도 투자 포인트가 될 수 있어요. 그 외에 신제품 출시나 산업의 변화 등 내가 생각하는 다양한 투자 포인트를 작성해 보세요.

펀드매니저
업무 엿보기

펀드매니저는 미국의 주식시장 결과를 확인하는 것으로 하루를 시작해요. 이후 현재 운용하고 있는 펀드 포트폴리오에 편입된 종목이 별일 없이 잘 있는지 확인도 하고, 투자하지 않은 종목 중에서 어떤 기업에 투자할지도 알아보고요. 하루의 대부분을 포트폴리오 관리와 투자 종목 발굴로 보내게 되죠. 더 구체적으로 어떤 업무를 하는지 펀드매니저의 하루를 따라가 볼까요?

출근전

출근하기 전에 미국 주식시장의 결과를 확인해요. 미국 주식시장은 한국 시간 기준으로 새벽 6시(서머타임 시 5시)에 장이 닫히는데요. 한국 주식시장과의 동조화 현상으로 인해 우리나라의 당일 증시를 가늠하는 주요 지표가 되므로 반드시 살펴봐야 하죠. 출근하는 동안에는 하루 동안 많이 오른 종목과 내린 종목을 확인하고, 투자한 종목과 관련한 중요 뉴스들을 읽어요. 하루 동안 사람들이 가장 많이 읽은 뉴스는 무엇인지 훑어보며 시장에서 어떤 이슈를 주목하고 있는지 파악하기도 하고요. 출근 전부터 꽤 많은 일을 하죠?

회사에 오면 먼저 회의 준비를 하고 기업 보고서를 읽어요. 9시에는 한국 주식시장이 개장하니 그때부터는 장 상황을 지켜보죠. 저희는 매일 10시에 운용 회의를 진행하는데요. 우선 시장에 영향을 주었던 주요 이슈와 편입 종목에 대한 뉴스, 투자 후보 기업에 대해 발표해요. 발표가 끝나면 변화하는 시장에 어떻게 대응할지, 투자를 결정할 당시의 논리에 변함은 없는지, 변경이 필요하다면 어떤 종목으로 교체해야 하는지 의견을 나누죠. 서로 읽은 책이나 간행물을 소개하며 투자 아이디어를 나누기도 하고요. 회의가 끝나면 부족한 부분에 대해 보충하는 시간을 가져요. 관심 있는 기업이나 시장 전략에 대한

리포트는 또 다른 투자 아이디어로 연결되기 때문에 이 역시 중요한 과정이에요. 이어서 중국과 홍콩의 주식시장이 개장하면 이들 장의 주가도 살펴보죠.

점심시간 이후에는 증권사에서 주최하는 세미나를 듣거나 관심 있는 기업에 탐방을 가기도 해요. 증권사 애널리스트가 작성한 보고서를 보고 해당 주제에 대해 더 깊게 알고 싶다면 세미나를 통해 관련 지식을 습득하는 것이죠. 기업 탐방이 필요

한 경우에는 담당자와 일정을 협의한 후 기업에 찾아가요. 주로 기업의 IR 담당자와 만나게 되는데요. 탐방을 하게 되면 해당 기업의 사업 현황과 산업 전망에 대해 구체적으로 알 수 있게 되죠. 기업에 대해 궁금한 점을 바로바로 물어볼 수 있다는 것도 굉장한 장점이고요. 과거에는 이러한 기업 탐방을 모두 대면으로 진행했지만, 코로나-19로 인해 이젠 웹이나 전화로 진행하는 경우가 많아졌어요. 기업의 내부를 실제로 확인해보고 분위기를 느낄 수는 없어 아쉽지만 대신 다양한 행사에 참여할 수 있다는 장점이 있죠. 세미나나 기업 탐방이 끝난 후에는 세미나 내용을 정리하고, 추가적으로 조사가 필요한 부분에 대해 알아보는 시간을 가져요.

퇴근 후

퇴근 후에는 개인적으로 더 알고 싶은 분야에 대해 공부하거나 운동 등 취미 활동을 하며 보내죠.

펀드매니저에게
궁금한 Q&A

Q 펀드매니저는 개인적인 주식 투자나 펀드 투자를 할 수 없나요?

A 일반적으로 펀드 투자는 가능해요. 저희도 퇴직연금 상품을 통해 노후를 대비할 수 있어야 하니까요. 주식 투자의 경우 할 수는 있지만 제한된 조건에서만 가능하죠. 회사 준법 감시부서에 신고도 해야 하고요. 고객과의 이해 상충 문제가 발생하면 안 되니까요. 법을 위반하지 않는 범위 내에서 회사가 정한 규정을 준수하면 주식 투자는 가능하지만, 보통 회사에서는 사고를 미연에 방지하고자 내규로 펀드매니저의 주식 투자를 금지하고 있어요. 저 역시 개인적인 주식 투자는 하지 않죠.

Q 그렇다면 가족들도 주식 투자를 하면 안 되나요?

A 해도 되지만 그 역시 문제가 될 소지가 있기 때문에 이해관계자라면 가급적 하지 않는 게 좋겠죠.

Q 재테크의 기본 중 기본은 무엇인가요?

A 무엇보다 자산을 잘 배분해 투자하는 것이 기본이라고 생각하는데요, 『탈무드』에 이와 관련된 내용이 나오죠. '모든 사람이 자신의 돈을 세 부분으로 나누도록 하라. 그리고 3분의 1은 토지에, 다

른 3분의 1은 사업에 투자하고, 나머지를 준비금으로 보유하도록 하라.' 아주 오래전 얘기니 현대적으로 해석해 보면, 자산의 3분의 1은 부동산에, 다른 3분의 1은 주식에, 나머지 3분의 1은 채권이나 예금에 투자하라는 것이죠.

이 3분의 1 황금률에 따라 자산을 배분하고 투자한다면 안전하고 완벽한 투자가 가능한데, 우리나라에선 그런 식의 배분이 좀 힘들어요. 대한민국 재테크의 기본은 부동산이거든요. 부동산 가치는 하락하지 않는다는 믿음이 존재하죠. 게다가, 부동산의 경우 부동산 담보대출을 통해 돈을 빌려와 그것을 기반으로 내 자산의 가치를 높이는 것이 가능하기에 부동산에만 치우친 자산 배분이 이루어졌다고 봐요.

이처럼 차입금 등 타인의 자본을 지렛대처럼 이용해 자기 자본의 이익률을 높이는 것을 레버리지Leverage라고 하는데요. 잘 생각해 보면 주식 투자에서도 레버리지가 가능해요. 내가 투자한 회사도 자본금을 기반으로 부채라는 레버리지를 일으켜서 이익을 만들어 내거든요. 그렇다면 개인적인 레버리지는 부동산을 통해 이루고, 주식 투자를 통해 타인의 레버리지도 쓰면서 자산의 가치를 높여보는 건 어떨까요?

Q 통장을 목적에 따라 나누는 게 정말 의미가 있나요?

A 하나의 통장에 모든 돈을 다 집어넣으면 혼란스럽지 않나요? 사용하려는 목적에 따라 통장을 분류해 두어야 정리가 잘 되죠. 사업을 할 때도 법인 통장과 운영 통장을 따로 구분하면 업무를 순조롭게 처리할 수 있잖아요. 만약 재테크 등 어떤 목적을 위해 자금을 모은다면 생활비 통장과는 별도의 통장을 만드는 게 더 낫다고 생각해요.

Q 대출 상환이 먼저인가요, 투자가 먼저인가요?

A 대출 상환이 먼저일지, 투자가 먼저일지는 금리 수준에 따라 결정해야겠죠. 제가 자주 사용하는 방법 중에 '72의 법칙'이란 게 있어요. 이자율을 복리로 적용할 때 원금이 두 배로 늘어나는데 소요되는 시간을 계산하는 방법인데요. 72의 법칙을 이 질문에도 적용할 수 있어요. 72일을 당시의 금리로 나누면 원금을 두 배로 만드는 기간이 나오죠.

　예전에는 금리가 참 높았어요. 금리가 10퍼센트 가까이 되었을 때는 돈을 예금에만 넣어놔도 몇 년 후면 두 배가 됐었죠. 그럼 금리가 8~9퍼센트라고 해 봐요. 72÷8=9, 72÷9=8이에요. 8퍼센트와 9퍼센트의 금리 차이에서 원금을 만들어내는 기간은 고작 1

년 밖에 차이가 나지 않아요. 그런데 지금은 어때요? 금리가 1, 2퍼센트 정도로 굉장히 낮아졌잖아요. 그럼 72÷1=72, 72÷2=36으로 두 개의 차이는 36이죠. 저금리 상황에서는 원금을 두 배로 만드는데 30년 이상의 차이가 생긴다는 거예요.

과거에는 금리가 높으니 무조건 대출 상환을 먼저 해야 했지만, 지금의 저금리 상황에서는 당장 대출 상환을 하는 것보다 오히려 어떻게 하면 대출을 받아 이를 투자금으로 사용할 수 있을지 고민해 봐도 좋을 것 같네요.

Q 목돈이 500만 원 정도 있다면, 어디에 투자하는 게 좋을까요?

A 글쎄요. 저 같으면 미래지향적이고도 새로운 자산에 투자하고 싶네요. 2021년 1월 현재 가장 미래지향적인 건 무엇일까 생각해 보면 블록체인 그리고 비트코인이 제일 먼저 떠올라요. 비트코인이 버블인지 아닌지는 모르겠지만 새롭고 무시할 수만은 없는 자산이 된 건 확실하다고 생각해요. 비트코인의 기반이 되는 블록체인을 이해하고 이를 활용할 수 있는 사업 아이템을 발굴해 그중에 유망한 비즈니스 모델을 찾아 투자하면 좋을 것 같아요. 여러분도 한번 고민해 보세요.

Q 외국 주식에 투자하려면 어떻게 해야 하나요?

A 은행이나 증권사에 방문해 증권 계좌를 개설하면 외국 주식에 투자할 수 있어요. 스마트폰을 이용해 앱을 다운로드해서 개설하는 것도 가능해요. 요즘엔 이렇게 비대면으로 진행하는 경우가 많죠. 외국 주식에 투자하고 싶다면, 미리 환율을 알아보는 것이 좋아요. 해당 국가의 통화로 투자가 진행되기 때문이죠. 환전을 하고 난 이후 매수를 하는 증권사도 있고, 원화로 주문이 들어가는 시스템도 있으니 각자의 스타일에 맞게 투자하면 될 것 같네요. 외국 주식의 경우 주식시장이 열리는 시간이나 매매 수수료, 세금이 우리나라와는 다르기 때문에 이런 부분 역시 미리 체크하는 것이 좋겠고요.

Q 처음부터 주식에 투자하는 것보다는 주가지수형펀드 상품에 투자하라는 충고를 받았어요. 그게 좋은 방법인가요?

A 일반투자자나 주식에 대해 잘 모르는 사람, 바빠서 일일이 신경을 쓸 여력이 없는 사람이라면 주가지수연계펀드에 투자하는 것도 좋아요. 주가지수연계펀드는 예탁자산의 대부분을 채권에 투자하고 이자 발생분을 주식파생상품에 투자해 원금을 보장하면서도 주가지수에 연계해 수익을 추구하는 상품이라 큰 이익은 없지만 위험이 적고 안정적이니까요.

처음엔 그렇게 투자를 하면서 시장에 대해 조금씩 배워가다 점점 다른 걸 원하게 되면, 그때 직접 주식에 투자해 보면서 새로운 세계로 나아가세요. 주가지수형펀드는 그런 맥락에서 처음 투자할 때 고려할 수 있는 좋은 방법이 될 거예요. 워런 버핏이 이런 얘길 한 적이 있죠. '일반투자자나 바쁜 사람들은 상장지수펀드에 투자하라. 그러나 제대로 할 수 있는 사람은 그렇게 투자해선 안 된다. 압축 투자하고 소수의 기업을 선별해 투자하라.' 저도 그 말에 동의해요.

Q 펀드에 투자해도 배당금을 받을 수 있나요?

A 그럼요. 주식형펀드에 가입했다면 펀드에서 보유하는 기업들이 주는 배당금을 받게 되며, 펀드 자산 가치 증가에 반영도 되죠. 배당금을 많이 주는 종목에 집중 투자하는 배당주펀드 상품도 있어요.

Q 어린이도 펀드에 가입할 수 있나요?

A 보호자의 동의만 있으면 어린이도 펀드에 가입할 수 있어요. 펀드 가입이 가능한 곳은 은행과 증권사, 보험회사예요. 부모님의 신분증과 도장, 법정대리인임을 증명하는 가족관계증명서 등을 지

참해야 하는데, 회사마다 요구하는 서류가 다를 수 있으니 방문 전에 추가로 필요한 게 있는지 문의해 보는 게 좋겠죠?

Q 요즘엔 대학생들도 주식 투자를 하고, 어린 자식들한테 용돈 대신 주식을 사주는 부모도 많더라고요. 이런 상황에 대해 어떻게 생각하세요?

A 일찍이 주식 투자 등을 통해 경제를 알아가는 건 필요하다고 생각해요. 그런데 지금의 상황을 보면 다소 과열되어 있다는 느낌도 들어요. 이러면 꼭 끝이 좋지 않더라고요. 2007년, 2008년 글로벌 금융위기 이전에도 그랬어요. 어떤 상품인지도 모른 채 무조건 남들이 하니까 나도 한다는 생각으로 투자를 하는 사람이 많았고, 결국 안 좋은 결말을 맞았죠. 자신이 투자하는 대상이 정확히 무엇인지 어떤 장단점이 있는지 파악하고 계획한 후 감당할 수 있는 수준에서 투자하는 자세가 중요해요. 뭐든 지나치면 좋지 않잖아요.

Q 개인투자자들에게 단 한 가지 조언을 해 준다면 어떤 얘기를 해 주고 싶으세요?

A 주위의 가까운 친구나 지인들의 말만 듣고 투자하는 것은 금

물이에요. 무엇을 왜 사는지, 왜 파는지에 대해 본인 스스로 정리를
할 수 있어야 하죠. 최종 의사 결정은 본인이 해야 하고요.

Q 동학개미, 서학개미라는 말이 나올 정도로 주식시장에 대한
관심이 뜨거운데요. 이러한 시장 상황이 앞으로도 계속될까요?

A 다른 투자 자산과 비교해서 주식만의 매력적인 점이 존재하기
때문에 일반투자자들의 유입은 지속될 거라 생각해요. 저금리의
투자환경으로 인해 예적금을 하기엔 수익률이 낮고, 부동산은 높
은 가격과 대출 규제 때문에 진입장벽이 존재하죠. 최근 들어 디지
털 자산 열풍이 불고 있는데, 내재가치에 대한 논쟁은 차치하고서
도 높은 변동성 때문에 꺼리는 분들이 많고요. 반면 주식 투자는 기
업이라는 실체가 존재하기에 기업의 내재가치를 판별하거나 투자
결정에 참고할 수 있는 기준점이 있다는 장점이 있죠. 주식시장은
자산 증식을 꿈꾸는 많은 분들께 여전히 매력적인 자산이기 때문
에 주식시장에 대한 관심은 매년 커질 것 같네요.

펀드매니저
목대균 스토리

📖 어린 시절에 대한 이야기가 궁금해요.

📖 저는 어려서부터 의사가 되는 게 꿈이었어요. 의학 드라마에 나오는 의사들의 멋진 모습을 보면서 그들에 대한 동경과 환상을 가졌었거든요. 환자를 생각하는 따뜻한 모습과 뛰어난 실력으로 어려운 수술을 성공시키는 냉철한 모습이 공존하는 것에서 깊은 인상을 받았죠. 수학 성적도 좋아서 가능하면 이공계에 진학해 의대에 가고 싶었는데 부모님께서 반대를 하셨어요. 매일을 좁은 진료실에서 타인의 고통과 함께 살아야 하는 걸 못마땅해 하셨거든요. 제가 충청북도 충주의 시골 마을에서 태어났는데, 시골 어르신들의 로망은 자식이 법대에 가는 것이었죠. 부모님 역시 법대에 들어가 검사나 판사가 되어 금의환향하길 바라셨고요. 그런 부모님의 의견을 따라 의사의 꿈을 접고 법대를 목표로 공부하게 되었어요.

📖 중, 고등학교 시절엔 어떤 학생이었나요?

📖 중학교에 올라가 1학년이 됐을 때 첫 시험에서 전교 50등을 했어요. 내 성적이 그 정돈가 보다 하고 별생각이 없었는데 아버지는 굉장히 실망했는지 저를 많이 혼내셨죠. 부모님을 실망시켜드리기도 싫고 혼나기도 싫어서 그 뒤로 굉장히 열심히 공부했어요. 그 덕에 다음 시험에선 전교 3등으로 올라갔고, 그다음 시험에선

전교 2등까지 할 수 있었죠.

사실 당시엔 별다른 취미도 없었고 운동도 잘 못했으니 공부 밖엔 할 게 없었어요. 『공부가 제일 쉬웠어요』라는 책도 있잖아요. 그게 제 상황과 비슷했어요. 외진 시골의 유복하지 않은 환경에서 자라서 취미생활을 한다는 건 생각도 못 했거든요. 그러다 학교 친구 중 한 명이 바이올린 켜는 모습을 봤는데 당시엔 신선한 충격이었죠. 부럽기도 했고요. 저는 그런 악기가 있는 줄도 몰랐거든요. 나중에 피아노를 배우긴 했는데 그것도 재능이 없어서 포기했고, 미술이며 운동, 음악 그 어떤 것도 특별히 잘하는 게 없어서 책 읽고 공부하는 게 다였죠.

고등학생이 되어서는 더 악착같이 공부했어요. 서울대 법대에 진학하기 위해, 부모님의 기대에 부응하기 위해 정말 열심히 노력했죠. 너무 공부에만 몰두했더니 결국 탈이 나더라고요. 고등학교 2학년 때 극심한 사춘기를 겪으면서 반항도 많이 했죠. 잠시 그런 시기를 보내고 3학년이 되어서는 다시 정신을 차리고 공부했는데, 대학 입학시험 날 컨디션이 좋지 않았어요. 서울까지 올라와 시험을 봐야 해서 몸도 힘든 데다가 성적에 대한 중압감까지 겹쳐 원하던 결과가 나오지 않았죠. 결국 재수를 하게 되었는데 다음 해엔 법대 대신 서울대학교 경영학과로 지원을 했어요. 학교에서는 계속 법대를 추천했는데, 또 떨어질까 봐 겁이 났거든요. 그게 좀 후회돼요. 어쨌든 서울대학교 경영학과에 꽤 우수한 성적으로 입학해 대학생활이 시작되었죠.

🔳 어떤 도움도 받지 않고 혼자 공부한 건가요?

🔳 과외 같은 걸 받을 형편이 아니었기 때문에 혼자 공부했죠. 열심히 하는 거 하나만큼은 자신 있었기에 공부에 최선을 다했어요. 그러다 보니 성적은 잘 나오더라고요. 노력한 만큼 결과가 나오는 걸 보면서 나는 하니까 됐는데 다른 아이들은 왜 그러지 못할까 이상하다는 생각이 들었죠.

🔳 법학 대신 경영학을 선택한 이유가 있나요?

🔳 단순했어요. 경영학을 전공하면 돈을 많이 번다는 얘기에 경영학과에 지원했죠. 고등학교 3학년이 되자 검사나 판사보다는 경제력 있는 사람이 되고 싶어졌거든요. 사춘기 때 대우그룹 김우중 회장의 『세계는 넓고 할 일은 많다』를 읽으면서 나도 세계 속으로 나가 멋진 일을 해 보고 싶다는 생각을 했던 것도 영향이 있었고요. 외떨어진 시골에서 다소 억압된 생활을 하다 보니 더 먼 곳, 더 넓은 곳으로 가 새로운 세상을 경험해 보고 싶다는 열망이 생긴 것 같

아요.

편 대학생활은 어땠나요?

목 재수를 할 때부터 서울 신길동에 있는 친척 집에서 생활했어요. 이모님이 잘 챙겨주시긴 했지만 아무래도 다른 집에서 산다는 것이 편하진 않더라고요. 학원에 다니면서 1년간 힘든 재수 생활을 했고, 다음 해에 대학교에 합격했는데요. 캠퍼스에 가보니 서울에서 살던 친구들과는 차림새부터 달랐어요. 남들처럼 청바지에 티셔츠를 입고 다녔지만 늘 뭔가 부족해 보였죠.

영화 〈건축학개론〉을 보면 촌스럽고 숫기 없는 승민이라는 대학생이 나오잖아요. 제가 딱 승민이였어요. 좋아하는 여자 친구에게 좋아한다는 말도 못하고, 멋도 낼 줄 모르는 그런 아이?^^ 제 인생이 바뀐 건 우연히 투자 동아리에 가입하게 되면서부터예요. 동아리 활동을 하면서 주식 투자에 관심을 갖게 되었고, 그 관심이 이어져 이렇게 펀드매니저가 되었죠. 당시 동아리에서 만났던 사람이 타임폴리오 황성환 대표이사와 KCGI 강성부 대표였는데, 그들과 대화하며 많은 영향을 받기도 했어요.

편 좋아하는 책이나 영화가 있다면 소개해 주세요.

목 영화 〈마션〉을 정말 좋아해서 몇 번을 봤는지 몰라요. 앞에서도 얘기했지만 매일매일 고군분투하는 주인공, 마크 와트니의 모습에서 펀드매니저의 인생이 보여 굉장히 흥미롭더라고요. 좌절하는 대신 고민하며 문제를 하나씩 해결해 나가는 주인공의 씩씩한 모습도 좋았고요. 특히 마크 와트니가 지구로 귀환하는 마지막 장면은 잊을 수가 없어요.

〈제리 맥과이어〉란 영화도 좋아해요. 뛰어난 능력을 가진 스포츠 에이전시 매니저 제리 맥과이어가 회사의 이익에 반하는 제안서를 썼다는 이유로 해고 통보를 받아요. 그렇지만 좌절하지 않고 동료 중 유일하게 자신의 편이 되어주었던 도로시와 함께 새로운 에이전시를 설립하고 다시 한번 도약을 꿈꾸죠. 그런데 일이 원하는 대로 흘러가진 않아요. 도로시와의 관계는 삐걱대고, 스타 선수와의 계약은 물거품이 되죠. 제리의 삶 역시 순탄치만은 않은데, 그의 인생을 보며 저의 힘들었던 시절이 떠올랐어요. 제 어려웠던 지난날을 생각하며 제리 맥과이어의 앞날을 열심히 응원했죠.

편 펀드매니저가 되고 첫 출근한 날, 기억나세요? 어떤 생각이 들었는지 궁금해요.

목 펀드매니저가 된 건 회사에 다니던 중이었으니 금융업계에 첫발을 내디뎠던 날에 대해 얘기하는 게 낫겠죠? 첫 직장은 대우증권이었는데, 상하관계가 엄격하고 다소 경직된 특유의 사내 문화가 있다고 들어 긴장을 많이 했어요. 출근을 하니 저기가 네 자리니까 가서 앉아 있으라고 하더라고요. 책을 한 권 주면서 할 일이 없으면 그걸 보라고 하면서 저한텐 신경도 쓰지 않았죠. 그렇다고 편히 앉아 책을 읽을 수도 없으니 긴장을 놓지 않고 대기하다 누군가 부르면 가고, 밥 먹자고 하면 따라가서 점심을 먹었어요. 그러다 5시쯤 퇴근하라고 해서 집에 왔는데, 긴장이 풀어졌는지 집에 오자마자 곯아떨어졌죠. 뭔가 대단한 일이 있진 않았지만 내내 마음이 불편하고 힘들었던 하루였어요.

이후 대우증권에서 미래에셋자산운용으로 이직을 했는데, 여기선 첫날에 계약서를 작성했던 게 기억나요. 미래에셋에서의 첫날 역시 대단한 건 없었는데요, 그 이후의 일이 좀 재밌었죠. 저를 이 회사로 끌어왔던 분이 며칠 후에 다른 회사로 간다는 거예요. 함께 일해 보자고 해 놓고는 제가 입사한지 2, 3일 만에 말도 없이 떠나버렸죠. 그 바람에 제가 그 부서에서 최고참이 되었고요.

나중에 글로벌펀드를 운용하면서 인도에 가게 되었는데, 인도에서의 첫날이 처음 입사했을 때보다 훨씬 인상적이라 지금도 생생히 기억나요. 새벽에 뭄바이 공항에 내려 출구로 나왔는데 특유의 냄새와 날씨, 물밀듯이 밀려오는 인파, 그 와중에 돈을 구걸하는 사람들에 둘러싸여 정신이 하나도 없었죠. 좋게 말해 이국적이라고 할 수 있는 거리를 지나 숙소로 와서 자고 일어났는데, 그때 마주한 풍광은 경악스러웠어요. 까마귀가 너무 많아서 공포스러웠고, 길에는 쓰레기가 넘쳐났거든요. 여기가 경제도시가 맞나 하는 생각이 들 정도였죠. 인도 최대의 도시가 아니라 어느 시골에 와있는 듯한 착각이 들었어요.

편 본인이 생각하는 자신의 장점과 단점은 무엇인가요?

목 장점이라면 계획한 일을 반드시 해낸다는 거예요. 참을성과 인내심, 생각을 현실로 바꾸고자 하는 열망이 대단해서 하겠다고 마음먹은 건 꼭 하죠. 철인3종경기만 해도 1년에 걸쳐 해냈잖아요. 주말마다 북경대학교에 가서 공부를 하고 학위를 취득했고요. 주말에 북경에 다녀오면 월요일 새벽에 한국에 도착하기 때문에 잠깐 자고 또 출근 준비를 해야 했어요. 한두 번도 아니고 매주 그런 식으로 지내는 게 쉬운 일은 아니었죠. 정말 힘들어서 체력이 많이 소진됐거든요. 그럼에도 끝까지 해내는 모습을 본 주위 사람들도 제 실행력만큼은 인정해 주고 있어요. 단점이라면 이런 일을 주기적으로 저지른다는 거예요. 그러다 보니 어느 순간 목적이 이끄는 삶에 익숙해져 있더라고요. 안 그래도 완벽주의적인 성향인데, 목표지향적인 사람이 되어버려 여유를 잃어버린 게 단점이라고 생각해요.

편 꿈꾸던 것을 이루고 있다고 생각하세요?

목 앞에서 잠깐 『짐 로저스의 어드벤처 캐피털리스트』 얘길 했잖아요. 그 책의 주인공처럼 여행과 투자를 겸하는 게 꿈이라 아직은 진행 중이라고 할 수 있죠. 그동안 오랜 기간에 걸쳐 경제적인 자유를 확보했고, 이제 회사를 설립했어요. 어느 정도 기반이 닦이고 시스템이 돌아가기 시작하면 글로벌 투자를 하게 될 텐데, 그럼 자연스럽게 외국으로 나가게 되겠죠. 그때는 투자와 관련된 일도 하고 여행도 하면서 어드벤처 캐피털리스트라는 꿈에 다다를 수 있을 거예요. 그 꿈을 위해 지금껏 노력해 왔고, 이제 그 목표에 한 발 더 가까이 다가갔네요.

📝 지금까지의 인생을 돌이켜봤을 때 가장 잘했다고 생각하는 것이 있다면요?

🔖 무엇보다도 철인3종경기 풀코스에 도전해 완주한 것이 가장 잘한 일이라고 생각해요. 철인3종경기는 수영과 사이클, 마라톤 세 종목을 휴식 없이 연이어 실시하는 경기예요. 새벽 6시에 시작해 오후 7시에 끝나는데, 그럼 열세 시간 동안 쉬지 않고 헤엄치고 달리고 뛴다는 뜻이에요. 극한의 인내심과 엄청난 체력을 요구하죠. 도전을 결심하고 준비하는 동안엔 불가능할 거라 생각했어요. 완주하는 제 모습이 상상이 되질 않았죠. 그런데, 그게 되더라고요.

저는 학창 시절에 특별히 체육을 좋아하진 않았어요. 운동에 재능이 있었던 것도 아니었고요. 평범했던 제가 도전을 통해 잠재력을 발견하고 완주를 하며 목표를 이루는 기쁨을 맛보았어요. 정말 뿌듯했고, 포기하지 않는 것이 얼마나 고귀한 자질인지 새삼 느낄 수 있었죠. 인간의 가능성, 우리가 할 수 있는 일에 대해 생각해본 하루이기도 했고요.

📝 그밖에 관심을 가지고 활동하는 분야가 있나요? 혹은 최근 새롭게 도전하는 분야가 있다면 소개해 주세요.

🔖 지금은 몇몇 회사의 부정으로 인해 사모펀드가 침체기를 맞고

있어요. 라임이나 옵티머스 사태는 많이들 들어보셨을 거예요. 라임 사태는 라임자산운용이 **전환사채**°를 편법 거래하면서 부정하게 수익률을 올리고 있다는 의혹으로 시작해 그들이 운용하던 펀드에 속한 주식 가격이 하락하면서 **뱅크런**° 위기를 맞았고 결국 환매 중단을 선택한 사건이죠. 옵티머스 사태는 옵티머스자산운용이 투자자를 모은 뒤 안정적인 정부 채권에 투자한다고 속이고, 실제로는 부실기업 채권에 투자해 엄청난 금액의 손실이 발생하여 결국 환매 중단 사태를 일으킨 사건이고요. 이러한 사태는 사람들이 색안경을 끼고 사모펀드 시장을 바라보게 하는 요인이 되었죠.

사모펀드는 성장하고 있는 시장이라 투명성과 신뢰, 퀄리티가 정말 중요한데요. 계속해서 이런 사건이 발생하게 되면 정상적으로 운용되고 있는 사모펀드에도 의혹의 눈초리가 쏟아지고 결국 시장이 위축되는 악순환을 겪게 돼요. 선량한 투자자나 정당하게 일하는 펀드매니저는 힘든 길을 갈 수밖에 없는 상황이라 이런 분위기를 반전시킬 수 있는 계기를 만드는 것이 제 바람이에요. 운용 과정이 투명하게 공개되고 믿을 수 있으며 일정 수준 이상의 퀄리티도 보장되는 사모펀드를 만든다면 분위기 반전에 주요한 역할을 하리라 믿어요. 그 사모펀드를 통해 저희 회사는 더 가치 있는 회사로 거듭날 것이고요. 어려운 도전이겠지만 성공한다면 그만큼 값

Job
Propose 43

진 일이겠죠?

펀드매니저로서 앞으로 어떤 목표를 갖고 있나요?

일단 회사를 설립했으니 회사 운영을 잘 해 나가는 것이 가장 큰 목표가 되었죠. 현재는 저를 포함해 직원이 모두 여섯 명인데 이들의 인건비부터 사무실 운영 비용까지 고정 지출이 꽤 많이 나가더라고요. 거기다 각종 규제도 신경 써야 하죠. 금융회사라 이 정도 규모의 사무실이 운영되려면 굉장히 큰돈을 자금으로 운용해야 하는데 그것도 만만치 않고요. 단기적으로는 인건비나 자금 등 직면해 있는 문제를 해결하고, 여기서 벗어나게 된다면 저만의 시스템을 설계해 그 안에서 인간과 기계가 공존하는 세상을 만들고 싶은 것이 앞으로의 제 목표예요. 어떤 앞날이 펼쳐질진 아무도 모르지만 결과와 상관없이 그 꿈을 향해 가는 모든 과정들이 제겐 의미 있다고 생각해요.

마지막으로 펀드매니저를 꿈꾸는 청소년들에게 하고 싶은 말이 있나요?

펀드매니저는 자금 운용을 책임지는 사람이에요. 개인이었다면 만져보지 못했을 큰 규모의 자금을 운용하면서 돈의 힘을 배우죠. 자본주의 사회에서 자본을 가장 잘 이용하는 위치에 있다 보니 새로운 가치를 창출하는 직업은 아니지만 일을 통해 자본주의를 더 깊이 이해하고 돈의 흐름을 파악하게 돼요. 대한민국을 벗어나 글로벌 투자를 하게 된다면 세계의 변화나 흐름까지 빠르게 파악하는 일이 가능하고요. 실물보다 빠른 게 주식시장이거든요. 변화에 가장 민감하게 반응하고, 변화의 흐름에 가장 앞서 있는 것이 바로 자본시장이기에 펀드매니저가 된다면 돈의 흐름에 한 발짝 가까이 다가갈 수 있죠.

누군가 이런 얘길 했어요. '돈을 벌기 위해 남보다 많이 빠를 필요는 없다, 단 한 발짝만 빠르면 된다.' 그런 관점에서는 펀드매니저가 누구보다 자본주의를 잘 이해하고 활용할 수 있는 사람이죠. 늘 시장의 미래를 고민하고 연구하기에 본인의 예측이 맞는다면 빠르게 돈을 벌 수 있는 직업이기도 하고요. 물론 수많은 사람 중 소수의 사람만이 이 길에 들어서고, 그중 일부만이 성공을 거머쥐게 되겠죠. 그 소수의 사람들 중에 이 책을 읽은 학생들이 있을지도 모르겠네요. 시시각각 변해가는 세상에서 가장 앞서갈 기업은 어디인지 분석하고, 분석한 내용을 바탕으로 투자 결정을 내리며 자본주의의 핵심을 이해하는 직업, 펀드매니저를 꿈꾸는 여러분을 진심으로 응원해요.

전환사채 * 사채로 발행되었지만 일정 기간 경과 뒤 소유자의 청구에 의해 주식으로 전환할 수 있는 사채

뱅크런 * 경제 상황 악화로 인해 금융시장에 위기감이 조성되면서 예금 지급 불능 상태를 우려한 고객들이 대규모로 예금을 인출하는 사태

교환사채 사채권자의 의사에 따라 주식 등 다른 유가증권으로 교환할 수 있는 사채

펀드런 투자자들이 펀드가 부실해질 것이라는 소문을 듣고 먼저 환매하겠다고 덤비는 새로운 금융 패닉

청소년들의 진로와 직업 탐색을 위한
잡프러포즈 시리즈 43

자본주의 최전방에 선 펀드매니저

2024년 11월 15일 | 초판 3쇄 발행

지은이 | 목대균
펴낸이 | 김민영
펴낸곳 | 토크쇼

편집인 | 박가영
디자인 | 이민정
마케팅 | 신성종
홍보 | 이예지

출판등록 2016년 7월 21일 제2023-000173호
주소 | 서울시 마포구 월드컵북로98, 2층 202호
전화 | 070-4200-0327
팩스 | 070-7966-9327
전자우편 | myys327@gmail.com
ISBN | 979-11-91299-32-8 (43190)
정가 | 15,000원